Siegrid Hirsch

# Die besten Obst-, Gemüse- & Kräutersmoothies

Salate, Wildpflanzen, Gemüse und Obst in den Mixer

ISBN: 978-3-902540-92-8
8. Auflage


Layout & Fotos: freya_art, Daniela Waser
Picture: fotolia/dreamstime
printed in EU

Siegrid Hirsch

DIE BESTEN

# Obst, Gemüse & Kräuter Smoothies

Salate, Wildpflanzen, Gemüse und Obst in den Mixer

# Inhalt

## Rezepte

59

83

101

# Smoothies

# Smoothies – ein Trend

Wir wollen es möglichst einfach und bequem, deshalb sind „Smoothies" merkbar im Aufwind. Sie tauchen von immer mehr Anbietern in Supermärkten und Bio-Läden auf. Kaum eine Firma, die sich dem Gebot des Marktes entzieht. – Eines ist diesen kleinen Vitaminbomben gemeinsam – sie enthalten viel Apfel oder Banane, mit kleinen Mengen anderer Obst- oder Gemüse-Pürees. Anders als bei einem Fruchtsaft wandern beim gekauften Smoothie ganze Früchte in den Mixer. Nach dem Pürieren wird das gemixte Fruchtfleisch mit frisch gepressten Säften gemischt, bis es die richtige Dicke hat. Samtig-weich soll ein Smoothie im Mund sein - "smooth" eben. "Smooth" bedeutet: weich, sanft, sämig, der Ausdruck ist bereits eingedeutscht. Die Mengen bestimmen die Qualität des Fruchtmixes – den man sich – viel billiger und qualitativ hochwertig - natürlich jederzeit selbst herstellen kann!

# Kräuter und Gemüse

Es gibt keine wichtigere Sache für uns als die Substanzen aus natürlichen Nahrungsmitteln. Unbehandelte Kräuter und frisches Gemüse schützen unseren Körper vor den „freien Radikalen", das sind Nebenprodukte der Oxidation, die ständig in unserem Körper stattfindet. Freie Radikale sind ungebundene Sauerstoffmoleküle, die unser Immunsystem laufend belasten. Deshalb brauchen wir Vitalstoffe wie Vitamine, Spurenelemente und andere Substanzen, wie sie in Kräutern, Wildgemüse und Biogemüse in großer Menge vorkommen. Sie wirken den gewebeschädigenden Prozessen entgegen. Sie sind die geschliffenen Waffen, mit denen wir in den Zellkrieg ziehen. Sie sind das „Salz" in unserer Lebenssuppe, denn sie halten uns jung und vital. Viel Grün, Rot und Gelb ist gesund und wird viel zu wenig konsumiert. Grün ist die Farbe des Herzens „Ich bin dir grün …" lautet ein alter Spruch. Er bedeutet, man hat jemanden ins Herz geschlossen. Tatsächlich ist es so, dass Menschen, die viel „Grün" essen, seltener an Krebs erkranken, weniger Schlaganfall und Herzinfarkte haben - das liegt an der Kraft der Antioxidanzien.

# Mögen wir Menschen die grünen Blätter?

# Gemixtes Grün

„Grüne Smoothies" sind eine Revolution. Bei grünen Blättern und harten Pflanzenteilen hat das Mixen einen wunderbaren Effekt. Grünes Blattgemüse enthält genauso viel, zum Teil sogar mehr wertvolle Vitalstoffe als Obst. Doch hat das grüne Blattgemüse diese Vitalstoffe in Pflanzenzellen gespeichert, die aus äußerst widerstandsfähigem Material bestehen. Damit die Nährstoffe für uns Menschen verfügbar werden, müssen die Zellwände aufgebrochen sein, das heißt, in der Regel kochen wir unser grünes Gemüse – oder wir tränken es in Essig und Öl – oder wir zerkleinern es mit unseren Zähnen zu Brei. Es ist gar nicht einfach, die stabilen Zellen des „Grünzeugs" zu zerstören. Aber – wir müssen die Zellen „knacken", damit sie ihr wertvolles Innenleben hergeben – damit wir etwas vom „Grünzeug" haben! Von den Vitaminen, Mineralstoffen, Proteinen und vom Chlorophyll.

## Mögen wir Menschen die grünen Blätter?

Eigentlich müssten wir mit einem kategorischen NEIN antworten. Denn wir essen gerade einmal einige Salatarten, ev. noch die Kohlarten, ein wenig Brokkoli (der ja auch zum Kohl gehört), die Petersilie und den Schnittlauch, und dann hat es sich auch schon mit dem grünen Blattwerk.

**Das GRÜN gehört zu den allerwichtigsten Lebensmitteln und wird am wenigsten geschätzt.** Und wenn es denn – notgedrungen, weil ja so gesund – gegessen wird, dann wird es unter Umständen nicht ausreichend gekaut, so dass die wertvollen Inhaltsstoffe von unserem Körper aufgeschlossen werden können. Wie könnte man dem abhelfen?

**Durch grüne Smoothies. Durch pürierte, grüne Pflanzennahrung, in die alles kommt, was bisher auf dem Kompost landete.**

Essen wir das Grün der Karotten oder Pastinaken? Nein –

Das Grün der Radieschen? Nein –

Das Grün der übrigen Rüben? Nein –

Das Grün der Brennnesseln, Melissen, der Minzen, der Schafgarben, des Löwenzahns? Manchmal, aber nur in sehr geringen Dosen.

Roter-Rüben-Salat schmeckt gut. Milchsauer eingelegt ist die Rote Rübe ein wichtiger Vitalstofflieferant.

Und was tun die Blätter? Sie enthalten um ein Vielfaches mehr an Vitaminen und Mineralstoffen, werden aber in der menschlichen Ernährung kaum genützt.

Genau so ist es mit den Karotten und mit allen Gemüsearten, die ebenfalls Blattgrün produzieren. Vitamin C, die Vitamine der B-Gruppe, Vitamin A, E und vor allem K sind in den grünen Teilen in 5- bis 100-fach höherer Konzentration enthalten. Ein Grund, darüber nachzudenken, wie wir das Grün für uns nützen können.

Im Kühlschrank halten Smoothies etwa 3 Tage. Wer einmal zu viele bittere Blätter (z. B. Schafgarbe, Gundelrebe, andere Wildkräuter) erwischt hat, der kann sein Mixergebnis mit einigen saftigen Birnen, Bananen und etwas Zitronen- oder Orangensaft verbessern.

Dauernd dasselbe Grün zu verwenden wird bald langweilig, also immer Unterschiedliches nehmen – auch das Grün der frischen Wurzelgemüse, der Wildsalate oder auch Kohlarten und die jungen Blätter von Birken, Linden oder Apfelbäumen.

Wer mehr Grün in sein Leben bringt, zwingt das Grau raus.

# Eine Geschichte

Vor langer, langer Zeit lebte einmal ein Mädchen, das war weiß wie Schnee, rot wie Blut und schwarz wie Ebenholz. Man nannte es Schneewittchen. Und wir alle wissen, was mit dem Schneewittchen geschah. Es biss in den giftigen Apfel und fiel in einen todesähnlichen Schlaf. Noch immer schimmerte seine Haut weiß wie Schnee; noch immer glänzten die Lippen rot wie Blut; noch immer schmiegte sich das Haar schwarz wie Ebenholz um die regelmäßigen Züge. Doch es konnte nicht lachen, nicht weinen, nicht denken und nicht sprechen. So steht es im Märchen.
Womöglich sind wir alle wie Schneewittchen. Wir dämmern in einer Art gläsernem Sarg vor uns hin. Wir sehen aus wie immer, wir kleiden uns, wir verrichten unsere Arbeit und müssen anschließend das Geld, das wir durch die Arbeit bekommen, bis zum letzten Cent wiederum ausgeben. Wir leben in einer engen Welt, die uns umschließt wie ein Schneewittchen-Sarg und auf jeder Glasscheibe läuft ein anderes Fernsehprogramm. Unser vergifteter Apfel ist das heutige Leben. Wir sind gefangen und es fällt uns nicht auf. Wir funktionieren und kaufen, sonst machen wir gar nichts. Wir sind nicht mehr wirklich lebendig.

### Wo ist der Prinz, der uns hochhebt und macht, dass wir das „Giftige" ausspucken?

Gibt es den Prinzen überhaupt?
Kommt er freiwillig?
Wollen wir eigentlich, dass er zu uns kommt?

Wenn wir es wünschen, wenn wir wirklich wieder ganz und gar lebendig sein und fühlen und lachen und weinen und denken und reden wollen, dann steht er bereit.

### Unser Prinz hat viele Namen:

- Er nennt sich „Wildpflanze", „Grünkraut" und „Heil-dich-bald".
- Er heißt auch „Pflück-mich-schnell" und „Hol-mich-heim".
- Er hört auf die Namen „Kraut-das-dich-liebt" und „Mach-dich-wieder-ganz". Und wer „Gemüse", „Salat" und „Blätter" murmelt, hat sofort seine Aufmerksamkeit.

# Die grünen Pflanzen – unwahrscheinliche Kraft

Nicht alles, was grüne Farbe hat, ist essbar. Was aber grün auf Mutter Erde wächst und nicht zu den giftigen Pflanzen zählt, können wir essen und es hat großen Nutzen für den menschlichen Stoffwechsel. Ein Mensch blüht auf, wenn er viel Chlorophyll aus frischem Grünzeug zu sich nimmt. Grüne Salate und grünes Gemüse sind absolut gesund, das weiß heute jedes Kind. Das grüne Pflanzenblut schießt wie eine Infusion in unser eigenes Blut und macht uns wach und aufnahmebereit – wir hören auf, ein wenig zu schlafen.

Gemüse und Salate sind leicht zu bekommen – in jedem Supermarkt, im Bioladen, am Marktstand, beim Bauern.

Aber Gesundheit hin oder her – Gemüse und Salate oder gar die bitteren Wildpflanzen sind manchen Menschen ein Dorn im Auge. Sie schmecken zu wenig. Hören Sie sich im Bekanntenkreis um! Kaum jemand kommt pro Tag auf seine empfohlene Menge. 5 Mal am Tag sollen wir Salate, Gemüse und Obst zu uns nehmen, nur dann leben wir ausgewogen = gesund. Was darunter ist, ist zu wenig, was darüber ist, tut uns wohl und füllt die Speicher auf – je nach Vitaminart.

Und doch hört man immer wieder:

„Nein, den Salat überlasse ich den Rindviechern!" oder

„Nein, gerade dieses Gemüse mag ich nicht!" oder – von Kindern

„Ich hab gar keinen Hunger mehr ( ... und wann gibt's Pizza?)!"

Wer mit diesem oder ähnlichen Problemen zu tun hat, der sollte sich ganz schnell etwas besorgen, mit dem eine große Menge an „Grünzeug" in eine kleine Menge „Smoothie" umgewandelt werden kann: einen Mixer.

Ein Mixer macht aus einer großen Menge Blattsalat oder Wildkräutern, die man auf keinen Fall an einem Tag verspeisen will, eine kleine Menge „flüssiges Grün", die man locker zum Frühstück oder Mittagessen trinkt. So wird selbst der unwilligste Grünzeug- oder Grüngemüse-Esser überlistet – oder kann sich selbst überlisten.

# Chlorophyll

## die Grünkraft der Pflanze

Am dritten Schöpfungstag sprach Gott:
"*Die Erde lasse Gras hervorsprießen. Pflanzen und Bäume jeder Art sollen wachsen.*"
Und die Erde brachte frisches Grün hervor und jede Art von Bäumen. Gott sah es an und es war gut.

Und als der sechste Schöpfungstag begann und Gott die Menschen nach seinem Ebenbild geschaffen hatte, sagte er:
„*Sehet da, ich habe euch gegeben allerlei Kraut und allerlei fruchtbare Bäume zu eurer Speise und allem Tier und allen Vögeln unter dem Himmel und allem Gewürm, das da Leben hat auf Erden, dass sie allerlei grün Kraut essen.*"
Und Gott sah alles an, was er gemacht hatte. Und es war sehr gut.

Pflanzen können so unterschiedlich sein, wie zum Beispiel ein Löwe und die Kaulquappe oder der Elefant und das Eichhörnchen. Aber eines haben alle Pflanzen gemeinsam, es ist ihr Bindeglied und vielleicht die größte Erfindung der Schöpfung überhaupt: Pflanzen bilden Chlorophyll.
Alle Pflanzen, egal wie sie auch aussehen, welcher Familie oder Art sie auch angehören, bilden einen grünen Farbstoff. Diese Grünkraft ist das Chlorophyll. Durch Chlorophyll kann die Pflanze die Sonne dazu benützen, um Kohlendioxid und Wasser in Nährstoffe umzuwandeln. Man nennt diesen Prozess Fotosynthese.
Das älteste Geschöpf, das Sonnenenergie mithilfe des Blattgrüns in Nährstoffe um-

wandeln kann, ist die Blaualge (Cyanophyceae) – sie tut das seit 2 Milliarden Jahren – eine unvorstellbar lange Zeitspanne. Blaualgen haben übrigens eine verblüffende Ähnlichkeit mit den Bakterien und deshalb wahrscheinlich gemeinsame Ahnen.

In der Blaualge (und in manchen Bakterien) findet man das Chlorophyll noch verstreut. Die höher entwickelten Algen und fast alle anderen Pflanzen lagern es in scheibchenförmigen Farbkörpern (Chloroplasten) ab.

Man muss sich einmal vorstellen, wie genial die Entwicklung des Lebens war. Erst als Lebewesen die Sonnenenergie nutzen konnten, um sich selbst zu ernähren, war der Weg für die anderen offen. Für andere Lebewesen, die sich jetzt von den Pflanzen ernähren konnten und damit immer auch die Information vom „Ursprung allen Seins" mitbekamen. Immer wieder, jeden Tag aufs Neue.

Ob es sich nun um eine einzellige Alge oder einen riesigen Ginkgobaum handelt, alle Pflanzen bilden und enthalten Chlorophyll. Und das unterscheidet sie von allen anderen Geschöpfen – den Pilzen, den Fischen, den Insekten, den Säugetieren, zu denen auch der Mensch gehört. Auch Pflanzen, die gar nicht grün aussehen, enthalten Chlorophyll – nur wird das Grün dann eben von anderen Farbstoffen überlagert. Manchmal haben die Pflanzen so viel Grünkraft, dass sogar noch die Wurzeln grün aussehen.

Eine Pflanze hat selten Stress mit der Beschaffung von Nahrung (außer der Boden ist schlecht und das Wasser knapp), denn sie hat kleine „grüne" Sklaven, die unentwegt für sie arbeiten und die Nahrung quasi aus dem Sonnenlicht besorgen.
Das erste, was der kleine Sämling bildet, wenn er sein winziges Keimblatt noch oben streckt, ist eine große Menge Chlorophyll – erst dann kommt alles andere.

# Was Sie wissen sollten:

- Chlorophyll ist in den Blättern und Stängeln jeder Pflanze in hohem Maße vorhanden
- Es ist ein lebendiger Farbstoff, der die roten, orangen und blauen Strahlen des Sonnenlichts einatmet
- Diese Strahlung nützt das Chlorophyll aus, um aus dem in der Pflanze enthaltenen Wasser und dem Umgebungs-Kohlendioxid Glukose = Traubenzucker zu erzeugen, gleichzeitig wird Sauerstoff an die Umgebung abgegeben
- Man nennt diesen Vorgang Fotosynthese, sie ist eines der größten Wunder unserer Welt
- Nur Pflanzen können mithilfe der Fotosynthese ihre eigenen Nährstoffe herstellen und weiterwachsen. Wir andern müssen rennen. Der Löwe um seine Gazelle, die Kuh um ihr Gras, der Vogel um seine Insekten und der Mensch um seine „Brötchen".

# Verblüffende Ähnlichkeiten

Das Chlorophyllmolekül ähnelt unserem Blutfarbstoff Hämoglobin. Nur ist bei den Pflanzen Magnesium der andere Teil, beim Menschen ist es das Eisen.

Die Chloroplasten, das sind die Farbplättchen mit Chlorophyllmolekülen, sehen ähnlich aus wie die Stäbchenzellen der Netzhaut in den Augen.

Wir haben Blut, die Pflanzen Saft. Wir besitzen Augen, die Pflanzen Chloroplasten. Wir haben ein Nervensystem und Drüsen, auch Pflanzen haben ihre Methoden, um Wachstum oder die Fortpflanzung zu steuern.

Wir haben Muskeln, um etwas zu tragen oder uns zu bewegen, die Pflanze hat die Fähigkeit, Flüssigkeit oft mehrere Meter hochzupumpen.

Wir haben einen eingebauten Repariermechanismus, auch die Pflanze kann kranke Teile bis zu einem gewissen Grad selbst regenerieren.

Pflanzen unterscheiden sich von allen anderen Lebewesen – und doch sind sie uns ähnlicher, als wir meinen.

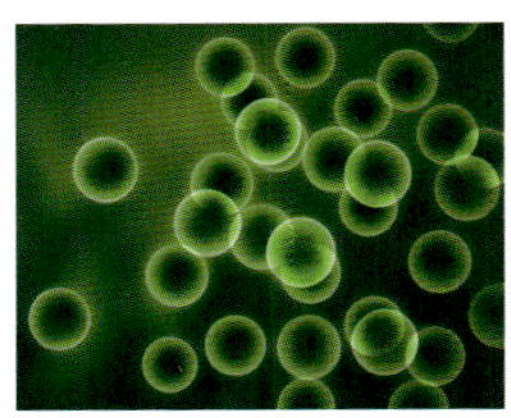

# Miniatur-kraftwerk

## Der oberirdische Teil einer Pflanze, wie auch immer sie aussieht, besteht aus lauter erstklassigen Spezialisten.

Jedes einzelne Blatt ist ein Kraftwerk für sich – angehalten, zum Wohl der ganzen Pflanze unermüdlich das Beste zu geben.

Aber was, das fragen Sie sich jetzt, hat das alles mit mir zu tun?
Die Antwort: Jedes der kleinen Kraftwerke ist ein Baustein für die Gesundheit und enthält unglaubliche Mengen an lebensnotwendigen Vitaminen, Spurenelementen und sekundären Pflanzenstoffen, die den Menschen aufbauen und stärken – und – auch das darf nicht verschwiegen werden – wieder ins natürliche „Gleichgewicht" bringen.
Aber wie, das fragen Sie sich jetzt, kann ich genug davon essen? Ich schaff ja kaum 1 Portion Salat am Tag?
Die Antwort: Durch Pürieren und schluckweises Trinken
Aber warum, fragen Sie weiter, soll ich das tun? Ich gehe halt in einen Laden und besorge mir ein paar Nahrungsergänzungsmittel, das ist weniger Stress und bringt genau das Gleiche.
Die Antwort: Weil ein Körper aufblüht, der mit so viel frischer Zusatzpower „gefüttert" wird. Weil es einen Unterschied macht, ob ich absolut Frisches aus Feld und Flur zu mir nehme oder Konserviertes oder Gefriergetrocknetes aus Pillen! Weil frisches Chlorophyll zu den Spitzenstoffen zählt, die jede Zelle unseres Körpers an seine Urinformationen erinnert – und die Urinformation ist perfekt. In dieser Urinformation ist weder Platz für Krankheit noch für Degeneration. Die Urinformation erinnert uns an die EINE Quelle, aus der wir alle stammen.

# Grüne Revolution

Chlorophyll ist ein Gesundheitswunder aus der Natur für jeden Menschen, der mit der Natur leben will.

Um der Wahrheit die Ehre zu geben – es gibt für uns eigentlich keine andere Möglichkeit, als mit der Natur zu leben. Jeder, der es anders versucht, kommt früher oder später darauf, dass es unmöglich ist, sich von der Natur zu entfernen – oder kennen Sie einen, der sich mit Plastik umgibt und von Plastik ernährt und trotzdem alt wird? Chlorophyll ist mit unserem Blutfarbstoff Hämoglobin eng verwandt. Darin liegt der Grund, warum der Farbstoff so unverzichtbar für die Flüssigkeiten in unserem Körper ist. Wir bestehen zu mehr als zwei Drittel aus Flüssigkeit. In jeder Zelle ist Flüssigkeit vorhanden und wir leben durch gesundes Blut und eine gesunde Lymphe. Wie gut für das Herz und für die Nerven, wenn eine geballte Ladung Chlorophyll in Form von grüner Blattkost in den Magen kommt! Da wird dann gleich die Salzsäureproduktion angekurbelt. Wir verdauen das Grünzeug ziemlich schnell und je aufgeschlossener es ist, also je mehr wir es durch unsere Zähne zerkleinert haben, desto schneller gelangt es in den Dünndarm. Der Übersäuerung unseres Körpers wird sofort der Kampf angesagt. Nichts ist so gut für das Säure-Basen-Gleichgewicht in uns, wie das Chlorophyll. Uns heutige Menschen trennt nur ganz wenig von anderen Säugetieren. Unsere Erbsubstanzen zum Beispiel stimmen zu 98 % mit denen der Menschenaffen überein. Wir haben gemeinsame Ahnen und die haben sich zum überwiegenden Teil von grünen Pflanzen ernährt. In der Evolution ist die Zeit, die seit dem Auftreten des ersten aufrecht gehenden Menschen vergangen ist, nicht mehr wie ein Flügelschlag.
*„Alle hundert Jahre fliegt ein kleiner Vogel zu einem hohen gläsernen Berg und wetzt seinen Schnabel an der Spitze. Und wenn der ganze Berg abgewetzt ist, ist eine Sekunde der Ewigkeit vergangen."*

Alles in uns ist noch genau so, als wäre diese eine Sekunde gerade erst abgelaufen. Wir denken vielleicht anders, wir benützen einen Computer und schauen fern, wir sitzen im Auto und haben ein Bankkonto – und doch: Unser Körper reagiert wie zu Urzeiten – gar nichts ist anders geworden, auch wenn wir uns das so gerne vorstellen. Dass wir Pflanzensaft und Pflanzenkraft brauchen, wissen wir nicht erst seit der modernen Ernährungswissenschaft, die uns eindringlich auf die Ernährungspyramide hinweist, die in den letzten Jahren revidiert wurde. Nicht mehr Getreide ist unser wichtigstes Nahrungsmittel, sagt die Wissenschaft jetzt, sondern nach dem Wasser die Grünkraft der Pflanzen, Gemüse, Salate und Obst. Erst dann kommt alles andere.

www.fgoe.org Fonds Gesundes Österreich

Die Ernährungspioniere der letzten 200 Jahre, die mit Sorge das sich verändernde Essverhalten weiter Kreise der Bevölkerung beobachteten, haben immer wieder darauf hingewiesen, wie wertvoll grüne Pflanzen für uns sind. Dieses Wissen kam aus der Erfahrung und wahrscheinlich aus dem gesunden Instinkt. So hat es immer wieder regelrechte Lieblings-Grünspeisen der Gesundheitsapostel gegeben: einmal waren es Algen, dann kamen Säfte aus Weizengras oder Gerstengras, später – frei nach Hildegard von Bingen – der Dinkelgrassaft. Dass reichlich Vitalstoffe in Keimlingen und Sprossen sind, hat sich im Laufe der Zeit auch herumgesprochen.

So wertvoll diese Ernährungsempfehlungen auch anmuten, sind sie doch bis zu einem gewissen Grad schwierig nachzuvollziehen. Im Winter wächst bei uns kein frisches Weizengras, da steht bloß der Kohl auf dem Feld und trotzt der Kälte und die Vogelmiere wächst unter dem Schnee.
Also hat man in vielen Fällen das gemacht, was uns heutigen Menschen das Liebste ist. Man hat konzentriert und konserviert und alles in Kapseln oder Flaschen gefüllt. Aber Salat, Gemüse und Obst, dem durch die Konservierung Gewebewasser und wertvolle Inhaltsstoffe fehlen, kann nicht das Gelbe vom Ei sein.
Und wir brauchen es auch nur dann, wenn unsere Vitalstoffspeicher bereits zur Gänze geleert sind. Nur wer gar nichts mehr in seinen Speichern hat, braucht Pillen und hochdosierte Vitamine, Spurenelemente, Mineralstoffe und anderes aus der Apotheke. Das alles natürlich nur dann, wenn durch ein umfassendes Blutbild festgestellt wurde, welche Speicher wirklich zu füllen sind! Gar keine Gedanken muss sich jemand machen, der Gemüse, Wildgemüse, Obst und Wildbeeren in großer Menge isst. Er kann nie zu viel zu sich nehmen. Was bei hochdosiertem Pillen-Vitamin A ohne weiteres vorkommen kann – nämlich dass es einfach „zu viel" wird und den Körper bereits schädigt – ist bei natürlichen Lebensmitteln ausgeschlossen!

Die Wirkung einzelner isolierter Substanzen kann ganz anders sein, als die Wirkung der gleichen Substanz in einem Obst oder einem Gemüse. Alles, was gewachsen oder gereift ist, besteht aus Hunderten von Stoffen, von denen heute die Wissenschaft einen Bruchteil kennt. Nur von ganz wenigen kennen wir die Eigenschaften – z. B. von einigen Vitaminen etc., die anderen enthaltenen Stoffe haben aber auch Eigenschaften. Über die Jahrhunderte hat sich so das Wissen um die „Heilkraft" der Nahrung herauskristallisiert.

Die meiste Zeit des Jahres gibt es frische grüne Kräuter, Blattsalate und Gemüsesorten – sie müssen nicht einmal aus exotischen Ländern sein – aber auch das ist möglich. Und so könnten wir – wenn wir es wollen – das ganze Jahr über gut versorgt durch den Alltag gehen. Außer den Stoffen, die untersucht werden können und den Stoffen, die noch nicht entdeckt worden sind, enthält frisches Grün, frisches Obst und Gemüse aber noch etwas anderes, das viel zu oft vergessen wird!

# Wildpflanzen unterstützen unsere innere Ordnung

Unser Körper funktioniert nach einer bestimmten Ordnung. Und er ist dann funktionstüchtig, wenn die Nahrung, die wir ihm zuführen, ebenfalls ein hohes Niveau an Ordnung aufweist. Die Ordnungs-Information durch die Nahrung muss also stimmen – um uns „stimmig" leben zu lassen. Unsere Körperzellen brauchen die biochemischen und energetischen Informationen aus der Ernährung, um sich orientieren zu können, um hurtig zu reagieren, wenn irgendwo etwas fehlt, oder zu reparieren, wenn etwas im Ungleichgewicht ist.

Wer ein wenig darüber nachdenkt und akzeptiert, welche „Schöpfungs-Informationen" der allerersten „Schöpfungs-Stunde" im Blattgrün, in einer Wurzel oder einer Frucht enthalten sind, wird für sich jede Art von industriell aufbereiteter Nahrung in Zukunft ablehnen. Was ich selbst und frisch zubereite, tut mir gut. Nahrungsinformationen aus dem Blattgrün (Chlorophyll), den Blüten, Samen und Früchten helfen den Körperzellen, störungsfrei zu funktionieren und blitzartig zu reagieren, wenn etwas im Organismus nicht stimmt – was will ein Mensch mehr?

# Mehr ist besser – stimmt das?

Bei den lange lagerfähigen Nahrungsergänzungsmitteln ist fraglich, ob ein „Mehr" positiv ist. Meist bleibt es ein Wunschtraum, wenn ein Mensch von Pillen oder Tabletten gesünder oder leistungsfähiger werden will. Nur das, was ich mir selbst pflücke oder von einem Anbieter hole, dem ich vertrauen kann, ist so wertvoll, wie ich es für mich verdiene – im besten Sinne des Wortes. Der Unterschied zwischen klassischer Nahrungsergänzung und natürlichen Lebensmitteln ist enorm. Während in Pillen und sterilisierten Säften nur bereits bearbeitete, also eingeschränkte Inhaltsstoffe vorhanden sind, gibt mir die frische Pflanze praktisch ALLES – ihre ganze Lebenskraft. Einschränkend ist hier zu sagen, dass es lebensnotwendig ist, einen bereits geschädigten Stoffwechsel durch Zusatzstoffe wieder aufzupäppeln. Hier ist der Arzt gefordert, der nach einer umfassenden Untersuchung alles Notwendige veranlasst!

Jede Pflanze, jedes Tier und natürlich auch jeder Mensch hat eine spezielle Grundtendenz – eine Art Stimmung – die einzigartig ist. Und doch ist jedes Individuum ein Teilchen des Ganzen. Und so muss alles auch immer wieder nach diesem „Ganzen" ausgerichtet werden. Eine Vielzahl von Abläufen in unseren Körpern ist noch nicht erforscht – trotz der intensiven Bemühungen in den letzten 100 Jahren. Unsere moderne Gesellschaft ist weit davon entfernt, alles, wirklich alles, zu wissen.
Eines aber ist gut dokumentiert: die gesundheitsfördernde Wirkung einer Ernährung mit frischen Salaten, Gemüse und Obst. Wer viel davon isst, hat weniger häufig Krebs, Diabetes oder Herzkrankheiten. Das heißt nichts anderes, als dass ein derartig ernährter Körper sich immer wieder „neu" nach unser aller „Ordnungsprinzip" ausrichten kann. Die menschlichen Zellen bekommen Hilfe von den Pflanzenzellen, von den Pflanzengeschwistern.

In Wildgemüse, in Wildpflanzen, den Wildkräutern und Wildbeeren sind häufig bis zu 300 % mehr Vitalstoffe festzustellen, wie in Salaten, Obst und Gemüse aus dem Supermarkt. Das heißt, wir verwenden zum Salat oder Gemüse aus dem Laden immer auch ein paar Pflanzenteile aus der Natur, aus dem eigenen Garten oder Sammelgut vom Spaziergang.

## Beim Sammeln darauf achten:

- Nur das nehmen, was Sie wirklich gut kennen. Es gibt auch giftige Gewächse oder solche, die nur gekocht genießbar sind - die sind für ein Smoothie ungeeignet - wir wollen ja Gesundheit und nicht Brechreiz, Bauchschmerzen oder Schlimmeres.
- Biologisch gezogenen Produkten ist der Vorzug zu geben. Gerade beim Rohgenuss.

## Leitsatz:

- Frisches Gemüse, Salate, Obst, vor allem aber Wildgemüse, Kräuter und Wildbeeren sind in ihrer Wirkung umfassender als isolierte Wirkstoffe in Kapseln oder Tabletten. Konzentrate aus bestimmten Pflanzen sind in ihrer Wirkung weniger befriedigend, wie der Genuss dieser Pflanze in ihrer Vollständigkeit.

# Herstellung von Smoothies

# Die Zubereitung von frischen Salat-, Kräuter-, Gemüse- oder Wildpflanzen-Smoothies ist einfach und zeitsparend.

### *Was eignet sich besonders gut:*

- Alle grünen Blätter, die auch für Salat oder Gemüsezubereitungen dienen
- Die Blätter von essbarem Wurzelgemüse
- Die Blätter von Wildpflanzen (siehe Liste Seite 138)
- Blätter und weiche Pflanzenteile von frischen Gewürz- und Kräuter-Pflanzen in kleinen Mengen
- Blüten von allen essbaren Pflanzen
- weiche Gemüsesorten
- weiche Obstsorten

# Kauen ist wichtig!

- Ja, das ist es. Die ersten Verdauungsenzyme befinden sich im Speichel. Werden sie gebildet, so beginnt auch der Magen mit der Säureproduktion – nach dem Motto: Achtung, jetzt kommt Arbeit auf mich zu! Nun fehlt aber beim Smoothie der Zwang, gründlich zu kauen – es ist ja alles bereits feinst zerkleinert.
- Wer es mit seinem Körper besonders gut meint, hat also die angenehmen „Pflicht", auch das Smoothie ein wenig im Mund zu „bewegen", es nicht allzu schnell hinunter zu schlucken, sondern die Geschmacksknospen zu liebkosen und dem Speichel Gelegenheit zu geben, sich mit dem Fruchtbrei zu vermischen.
- Das muss sich nicht minutenlang hinziehen, aber – speziell am Anfang – sollte man es langsam angehen. Nicht wer alles ganz schnell in sich hineinschüttet ist der Gewinner, sondern wer langsam und bedächtig genießt!

# Wie man ein Smoothie zubereitet und was man dazu braucht

# Der Mixer

Das wichtigste Küchenutensil für die Herstellung von Smoothies ist ein leistungsfähiger Mixer.

Die meisten Küchenmaschinen haben einen Mixaufsatz, bei sehr vielen Geräten ist die Leistung aber nicht zufriedenstellend. Das sollten Sie vorerst ausprobieren und, wenn die Mixleistung zu wünschen übrig lässt, besorgen Sie sich einen guten Mixer, der durch hohe Wattzahlen überzeugt.
Die handelsüblichen Mixstäbe eignen sich nur für die Herstellung ganz kleiner Mengen. Sie werden schnell die Lust daran verlieren, sich Ihr tägliches Smoothie herzustellen, wenn es zu mühevoll ist.

Bei leistungsstarken Mixern beträgt die Mixzeit von Obst und Gemüse ca. ½ bis 1 Minute. Grüne Pflanzenteile mixen Sie bis zu 2 Minuten, sie werden bekömmlicher.
Beim Mixen immer den Anweisungen des Herstellers der Geräte folgen.

Niemals mit den Händen oder einem Löffel in das laufende Mahlwerk geraten. Nur bei ausgeschaltetem Gerät neue Blätter, Gemüseteile oder Wasser dazu geben.

Das Gerät immer sofort nach Gebrauch reinigen. Wenn Sie die Reinigung auf später verschieben, wird es mühsam, denn natürlich trocknen die Zutaten im Glas und beim Mixwerk an und es wird einige Minuten dauern, ehe alles wieder entfernt ist. Reinigt man sofort nach dem Mixen, genügt ein Ausspülen unter fließendem Wasser, das dauert wenige Sekunden.

# Das Messer

Wer es ganz genau nimmt, verwendet für das Zerkleinern von Kräutern oder Obst ein Keramikmesser. Im „Smoothiefall" muss man das nicht tun, denn gängige Mixer arbeiten ohnehin mit Schneidmessern aus Metall. Normalerweise reichen die Hände, um das Mixgut grob zu zerkleinern, bei ein paar Obst- und Gemüsesorten braucht man allerdings Schneidwerkzeug.

# Wasser oder andere Flüssigkeiten

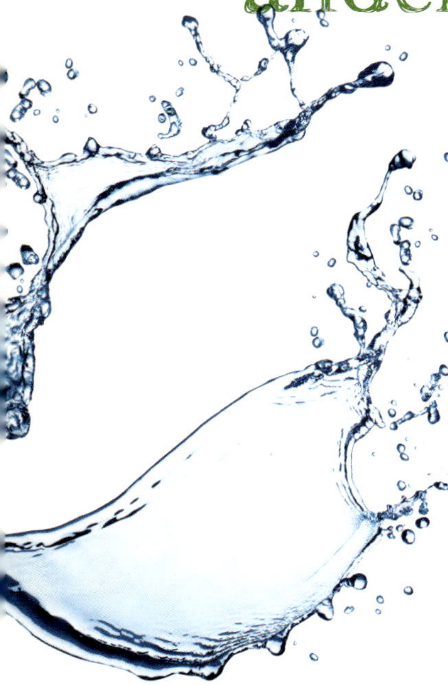

Grüne Blätter lassen sich durch die Zugabe von Wasser besser mixen. Wenn die fertig gemixte Masse zu dickflüssig zum Trinken ist, dann rühren Sie zusätzlich Flüssigkeit dazu. In Mitteleuropa ist das Wasser aus der öffentlichen Wasserversorgung in der Regel trinkbar. Wer es mit seiner Gesundheit besonders gut meint, nimmt energetisiertes Wasser – je nach Verfügbarkeit. Es ist natürlich auch Mineralwasser denkbar, am besten ist reines Quellwasser. Besonders zu Wildgemüse oder bitteren Salatsorten sind auch Kokosmilch oder Mandelmilch als flüssige Ergänzung möglich. Das Smoothie profitiert im Geschmack und sieht auch besser (helleres Grün) aus.

# Grüne Blätter, die essbar sind

Dazu gehört alles, was Sie auch in einen Salat geben würden oder als Gemüse zubereiten können. Der Gehalt an den wichtigen essenziellen Inhaltsstoffen ist umso größer, je frischer das Ausgangsprodukt ist. Welke Blätter oder tagelang gelagerte Salate können zwar auch noch gemixt werden, haben aber einen Großteil ihres wertvollen Innenlebens bereits verloren.

# Geschmacksverbesserer

Bananen (geschält), Mangos (entkernt und geschält), weiche Birnen, Erdbeeren, Stachelbeeren, Himbeeren, Brombeeren, Heidelbeeren, Pfirsiche (entkernt), Papaya (geschält), Weintrauben, Nektarinen (entkernt), Kirschen (entkernt), Aprikosen (entkernt), Zuckermelone (geschält), Wassermelone (geschält), ganze oder geschälte Bio-Orangen oder fertiger Orangensaft, ganze oder geschälte Bio-Zitronen oder fertiger Zitronensaft, Grapefruitsaft, Ananas (geschält), Kiwi (geschält), weiche Äpfel, Apfelsaft, andere Fruchtsäfte, die gekauft wurden, Kompotte aus eigener Erzeugung oder Dosen, z. B. Apfelkompott

# Nüsse

Grundsätzlich können auch Nüsse und Samen mitgemixt werden. Sie besitzen das, was Obst und Gemüse in der Regel fehlt – einen hohen Anteil an essenziellen Fettsäuren. Allerdings müssen Smoothies, die Nüsse enthalten, immer sofort getrunken werden. Lässt man sie auch nur für kurze Zeit stehen, so verklumpen sie die Blattmasse – der Genuss ist dahin! Man muss nochmals mixen, um eine trinkbare und sämige Flüssigkeit zu erhalten.

### *Bitte beachten Sie:*

- Bei Rohanwendungen ist die Qualität des Ausgangsproduktes besonders wichtig!
- Bio-Anbau ist zu bevorzugen, Blätter, Früchte und Wurzeln sollten keine Pestizide kennen und möglichst natürlich gezogen sein.
- Verarbeiten Sie nur Wildgemüse und Wildfrüchte, die Sie ganz genau kennen und wo Sie wissen, dass sie essbar sind!
- Bei Wildpflanzen und Kräutern ist weniger mehr, bereits geringe Mengen sind gut für Ihren Körper. Große Mengen können Ihren Magen und Darm überfordern – immerhin haben Sie bisher ja auch nicht so viel davon zu sich genommen.

# Noch mehr Zutaten

Wenn ein Smoothie nur mehr nach Gras schmeckt und die Freude daran sich in Grenzen hält – was bei Kindern durchaus vorkommen kann – hilft oft schon ein Löffel Kokos-, Reis- oder Mandelmilch dem grünen, dickflüssigen Brei auf die Sprünge. Der Geschmack wird runder, das Herbe oder Bittere einer Wildpflanze wird weniger gespürt.

# Munter darauf los!

- Sie haben zu viele Bananen, Birnen (oder anderes Obst) und ein Teil ist schon unansehnlich, aber noch zu gebrauchen?
  Ihr Mixer freut sich. Sie holen sich 1 Hand voll frische Wildpflanzen oder ein paar grüne Blätter eines knackigen Salats dazu – und schon haben Sie ein duftendes Kräuter- oder Salatsmoothie, das auch Ihren Kindern schmeckt und noch dazu Spaß macht.

- Ihnen ist heute nicht nach Beeren einkochen zumute und der Stachelbeerkuchen geht sich auch nicht mehr aus, andererseits haben Sie die Früchte daheim und sollten sie sofort verwerten?
  Nichts leichter als das. Wollten Sie nicht immer schon wissen, wie Himbeeren mit Rosenblättern schmecken, Brombeeren mit Weidenröschen oder Stachelbeeren mit Gundelrebe? Probieren Sie es aus. Je höher der Obstanteil, desto milder der Geschmack. PS: Alle Kombinationen munden!

- Sie haben Wildkräuter bestimmt und einiges gesammelt, aber gerade jetzt fehlt Ihnen das Rezept und vielleicht auch die Zeit, eine richtige Mahlzeit daraus zu kochen – und morgen sind die Wildpflanzen bereits welk?
  Machen Sie sich doch ein Smoothie daraus. Aus einer winzigen Menge Kräuter wird mit Obst ein Glas pure Gesundheit und Sie haben nichts, aber auch gar nichts verschwendet. PS: Etwas zum Dazumixen findet sich in jedem Haushalt – und wenns nur eine halbe Zitrone ist, die übrigens zu jedem Smoothie passt und meist sogar den Geschmack verbessert. Und wem es zu herb oder zu sauer wird, der hat ja noch den Löffel Honig, der ja auch gesund ist!

- Beim besten Willen können Sie nicht mehr alles austrinken, was Sie sich gemixt haben?
  Smoothies halten im Kühlschrank mindestens 1 Tag. Die meisten werden beim Stehen ziemlich fest, deshalb rühren Sie den Gemüse- oder Obstbrei vor dem Genuss mit ein wenig Flüssigkeit auf oder löffeln das Ganze aus.

REZEPT
FÜR 1 BIS 2
PERSONEN

# Aprikosen-Lavendel-Smoothie

## ZUTATEN UND ZUBEREITUNG

| Just wenn Lavendel seine Höchstblüte erreicht, sind auch die Aprikosen reif. 6 bis 7 große oder bis zu 10 kleine Früchte waschen und anschließend entkernen. | Die Kerne bis auf einen weglegen, einen Kern aufknacken. | Die kleine weiße Nuss, die zum Vorschein kommt, mitsamt den Aprikosen in den Mixer tun. | 2 Tassen Wasser hinzufügen. | Von 3 bis 4 Lavendelstämmchen die blauen Blüten vorsichtig abstreifen. | Die Stängel entsorgen, sie gehören nicht in dieses Smoothie. | Wer ein paar Knospen oder Blüten des echten Johanniskrautes im Garten hat oder von einem Spaziergang nachhause bringen kann, gibt auch bis zu 5 Blüten zu den Aprikosen, mehr ist nicht notwendig. | Nun in etwa 1 ½ bis 2 Minuten (je nach Gerät) mixen und sofort trinken. | Lässt man das Smoothie stehen, färbt es sich ziemlich schnell braun, aber gerade bei diesen Venusfrüchten mit Lavendel soll das gute Aussehen beachtet werden, auch die Augen „trinken" mit. | Diese Komposition macht schöne Haut.

## VARIATIONEN

- Hat man keine Aprikosen mehr, könnten Mangos oder Papayas zum Zug kommen, beide harmonieren mit den angegebenen Kräutern. Wunderbar passt auch das kernreiche Innenleben eines Granatapfels.
- Die Flüssigkeit muss nicht aus purem Wasser bestehen, Holunderblüten-Saft oder ein klarer Birnensaft als verdünnende Beigabe begeistern besonders die Naschkatzen unter den Smoothie-Trinkern.

## HINWEIS

Die Kerne aller Steinobst-Arten verströmen den typischen Blausäure-Geruch.

Aprikosenkerne enthalten viel Amygdalin (Blausäure abspaltender Stoff = giftig), viel mehr als beispielsweise Zwetschken oder Kirschen. Ein einzelner frischer Aprikosenkern ist unbedenklich, die tödliche Dosis liegt bei einem Erwachsenen bei etwa 35 bis 40 Kernen. Amygdalin wird in manchen Publikationen als Vitamin $B_{17}$ bezeichnet und wurde einige Zeit als Wundermittel gegen Krebs gehandelt, ein Trugschluss, wie sich herausstellte. In Überlieferungen der Volksmedizin wird die Verwendung eines einzelnen Kernes als „sehr gesund" bezeichnet.

## TIPP

Das langlebigste Volk der Welt, die Hunzas, führen ihre Gesundheit u. a. auf die häufige Verwendung der Aprikosen (frisch und getrocknet) zurück.

### *Gut für Sie:*

Enthält die Tagesration an Karotinoiden | etwas Folsäure | Vitamin $B_2$ | Vitamin $B_6$ | Vitamin C | Vitamin E | Eisen und andere Mineralstoffe in Vollendung

REZEPT FÜR
2 PERSONEN

# Beerenblätter-Smoothie

## ZUTATEN UND ZUBEREITUNG

| 1 Hand voll gemischte Himbeer-, Brombeer- oder Erdbeerblätter waschen und in den Mixer füllen. | Je nach Jahreszeit unterschiedliche Beeren dazu geben, im Herbst Heidelbeeren oder Stachelbeeren, vorher Johannisbeeren und Erdbeeren oder Himbeeren, etwa 250 g. | 1 Hand voll Basilikum zerpflücken und ebenfalls beifügen. | 100 ml Wasser eingießen. | Zuerst auf kleiner Stufe, dann auf der höchsten Stufe mixen. | Wasser zum Verdünnen nach eigenem Geschmack und Bedarf einrühren.

## VARIATIONEN

- Dieses Smoothie schmeckt auch gut mit Mandelmilch, einfach die Flüssigkeit durch diesen Drink ersetzen.

## HINWEISE

Junge Erdbeerblätter gibt es bis weit in den Herbst hinein, sie sind wohlschmeckend und wirken beruhigend. Das dreilappige Blatt der Erdbeere lässt auf eine Leberheilpflanze schließen und wurde früher auch so eingesetzt. Erdbeerblätter unterstützen den Stoffwechsel und eine Gewichtsabnahme und sind ein Linderungsmittel bei Rheuma oder Gicht.

Himbeerblätter dagegen braucht man zur Erleichterung einer Geburt. Es gibt erst wenige Untersuchungen auf diesem Gebiet, aber bei einer Studie in Australien hat sich die Anwendung bei einer großen Gruppe Frauen als richtig herausgestellt. Himbeerblätter stärken speziell die Gebärmuttermuskulatur.

## TIPP

Die Blätter von Himbeere, Brombeere und Erdbeere zählen zu den alten Naturmitteln. Letztlich macht die Gesamtheit aller Wirkstoffe einer Pflanze den Gesundheitsnutzen aus, erst Frucht und Blatt ergeben auch geschmacklich das richtige Bouquet und enthalten reichlich Chlorophyll.

Brombeerblätter (Brombeeren gehören zur gleichen Familie und Gattung wie Himbeeren - Rubus) gelten als blutreinigend und Blutzucker senkend. Sie fördern die Blutbildung und sind auch bei Fieber gut.

**Gut für Sie:**

alle Blätter sind eine gute Quelle für die Vitamine A und C | viel Kalium | viel Magnesium | reichlich Kupfer

REZEPT
FÜR 2 BIS 3
PERSONEN

# Blumenkohl-Apfel-Smoothie

## ZUTATEN UND ZUBEREITUNG

| ½ Bio-Blumenkohl (etwa 150 g) in Röschen zerlegen. | Den Strunk schälen und zerkleinern. | Die frischen, grünen Blättern gründlich waschen. | Alles in den Mixer geben. | 2 Äpfel waschen, mitsamt Schale und Kerngehäuse grob zerschneiden und dazu füllen. | Etwas Wasser hinzu fügen. | Zuerst auf kleiner Stufe, dann auf der höchsten Stufe mixen. | Wasser zum Verdünnen nach eigenem Geschmack und Bedarf einrühren.

## VARIATIONEN

- Die Äpfel können weggelassen werden.
- Einige Walnüsse verbessern den Geschmack, das Smoothie muss dann aber sofort getrunken werden.
- Essbare Blüten aller Art, auch wenn es nur eine einzige Blume ist, passen hervorragend.
- Trockengewürze aus dem indischen Kulturkreis wie Galgant und Kurkuma verbessern das Ergebnis und haben großen Gesundheitsnutzen. Nur kleine Mengen nehmen.
- Das Wasser durch Getreidedrinks, Kokosmilch oder Mandelmilch ersetzen, dann mit etwas frischer Petersilie, Dille und Senf würzen.

## HINWEISE

Blumenkohl enthält etwas natürliches Nikotin, deshalb gehört er zu den Gemüsesorten, die bei einer Raucherentwöhnung hilfreich sind. Für Diabetiker, für Magenkranke und Menschen mit Darmproblemen ist das rohe, bekömmliche Gemüse empfehlenswert.

## TIPP

Ärzte des Mittelalters empfahlen Blumenkohl – der damals noch nicht ganz so weiß war wie heute – bei Nierenleiden und Blasenschwäche. Die leicht wasserausschwemmende Wirkung kommt vom Kaliumgehalt.

Die Pantothensäure sorgt für den Aufbau neuer Zellen und ist an vielen Stoffwechselvorgängen beteiligt.

Ältere Menschen freuen sich über das Gemüse besonders: Bei regelmäßigem Genuss können Gelenksschmerzen aufhören. Arthrose- und Arthritis-Kranke haben häufig einen zu niederen Pantothensäurewert im Blut, das Vitamin hemmt Entzündungen.

### Gut für Sie:

der doppelte Tagesbedarf an Vitamin C | Vitamin K für 7 Tage | viele B-Vitamine | reichlich Pantothensäure | reichlich Folsäure | Kalium | Kalzium | Natrium | Phosphor | Magnesium | reichlich Eisen | Zink | Kupfer | Jod | Fluor

REZEPT FÜR 1 BIS 3 PERSONEN

# Borretsch-Birnen-Smoothie

## ZUTATEN UND ZUBEREITUNG

| Von 1 großen oder 2 kleinen Zweigen Borretsch die jungen Blätter, Blüten und Triebspitzen nach dem Waschen in den Mixer tun. Nur die bereits harten Stängel entfernen. | 1 bis 2 weiche Birnen (je nach Größe) waschen, vierteln und in Stücke geschnitten dazu geben. | Etwas Zitronensaft oder ½ in Stücke geschnittene Bio-Zitrone beifügen, dazu noch Wasser (ca. 100 ml). | Zuerst auf kleiner Stufe, dann auf der höchsten Stufe mixen. | Wasser zum Verdünnen nach eigenem Geschmack und Bedarf einrühren.

## VARIATIONEN

- Statt Birne ½ Melone verwenden, dann aber kein Wasser beifügen, da die Melone reichlich davon enthält.
- Borretsch passt besonders gut zu Gurken und unterstützt deren Eigenheiten. Gurke ist deshalb eine wunderbare Zutat. Wenn der Geschmack zu fade ist, salzt man etwas, bzw. würzt mit ein paar Spritzern Sojasauce.
- Natürlich ist Borretsch in jedem reinen Salat- oder Spinat-Smoothie denkbar.

## HINWEISE

Schmeckt wunderbar nach Sommer und Frische, schon der Duft überzeugt. In der Schwangerschaft allerdings sollte man auf Borretsch verzichten, ebenso, wenn man blutgerinnungshemmende Medikamente nimmt.

## TIPP

Es ist nicht so, dass die Pyrrolizidinalkaloide, die auch in Huflattich oder Beinwell vorkommen, schon in der Pflanze giftig sind. Sie wandeln sich aber vielleicht (muss nicht sein!) nach dem Essen, in unserer Leber, in eine schädigende Substanz um, die ähnlich wirkt wie z. B. eine Chemotherapie. Deshalb gibt es mit Ausnahme der Borretschöl-Anwendungen bei Neurodermitis auch kaum mehr Behandlungen mit diesem 2.000 Jahre lang bekannten Heilkraut. Vorsicht ist besser als Nachsicht, deshalb nicht allzu häufig ein Borretsch-Smoothie zubereiten - so gut es auch schmeckt

### Gut für Sie:

besonders viel Gamma-Linolensäure, die vor allem Neurodermitiker brauchen. Außerdem viel Kieselsäure, Vitamin C, Gerbstoffe und als Problemstoff Pyrrolizidinalkaloide

REZEPT
FÜR 2 BIS 3
PERSONEN

# Brennnessel-Smoothie

## ZUTATEN UND ZUBEREITUNG

| 1 Hand voll Brennesseltriebe – junge Blättchen und Triebe schmecken am besten – waschen und in den Mixer tun. | 2 Brokkolistangen zerpflücken, harte Stiele schälen und zerkleinern, ebenfalls einfüllen. | ½ Ananas schälen und in grobe Stücke zerteilt dazu geben. | Mit etwas Wasser aufgießen. | Zuerst auf kleiner Stufe, dann auf der höchsten Stufe mixen. | Wasser zum Verdünnen nach eigenem Geschmack und Bedarf einrühren.

## VARIATIONEN

- Wer keine Ananas zur Hand hat, kann als Ersatz geschälte Banane nehmen, außerdem geschälte Kiwi, entsteinte Nektarine oder entsteinte Kirschen.
- Ein paar junge Kräuter aus dem Garten (kleine Mengen) unterstützen den Geschmack der Brennnessel, z. B. etwas Petersilie, Schnittlauch, Knoblauchgrün, Zwiebelgrün, bzw. Schnittknoblauch.
- Statt Brokkoli schmecken auch Wirsing, Blumenkohl oder Eisbergsalat gut.
- Steht keine Brennnessel zur Verfügung, nimmt man das essbare Wildkraut, das im Umkreis wächst: junge Löwenzahnblättchen, junge Gundelreben, Gänseblümchen, Lungenkraut, Veilchen, Stiefmütterchen, Taubnessel, Brunnenkresse, Giersch ...
- Mit etwas Kokosmilch oder Getreidedrinks gemixt, wird das Getränk noch ein wenig vollmundiger.

## TIPP

Kaum ein Wildkraut hat so viele gute Eigenschaften wie die Brennnessel. Sie ist ein Kraftpaket mit reichem Innenleben. Ihre wertvollen Inhaltsstoffe übertreffen jene in Salaten oder Gemüse um ein Vielfaches.

Die Brennnesseln pflückt man mit Handschuhen und wäscht sie heiß, dann „brennen" sie nicht mehr.

Die Brennnesseln machen dieses Smoothie etwas bitter. Wer darauf empfindlich reagiert nimmt mehr Ananas und gibt auch noch ½ Banane dazu. Diese Kombination überzeugt auch Gemüsemuffeln.

### Gut für Sie:

Vitamin C für einen ganzen Tag | Karotinoide | stoffwechselfördernde Enzyme | stoffwechselaktive Bitterstoffe | viel Chlorophyll | Vitamin E | viel Kalium | viel Phosphor | viel Magnesium | viel Eisen | große Mengen Zink | große Mengen Kieselsäure

REZEPT
FÜR 1 BIS 2
PERSONEN

# Brombeer-Wegwarte-Smoothie

## ZUTATEN UND ZUBEREITUNG

| 150 g Brombeeren kurz unter fließendem Wasser waschen. Bei Beeren aus dem eigenen Garten oder aus Wildsammlungen die grünen Kelchblätter an den Früchten belassen. | In den Mixer schütten. | Mindestens 5, besser 8 bis 10 Blüten der Wegwarte pflücken und ebenfalls in den Mixer geben. Die Blüten müssen ganz frisch sein, denn sie fallen binnen weniger Minuten in sich zusammen und sind dann unansehnlich. Wenn man sie bereits am Vortag vorbereitet, in ein feuchtes Tuch einschlagen und im Kühlschrank aufbewahren. | Wenn vorhanden, noch eine Blütenähre des Anisysop hinzufügen. Anisysop duftet köstlich und unterstreicht die Süße der Beeren. | 1 Tasse Wasser beifügen. | In etwa 1 Minute zu Brei mixen, die Zugabe von weiterem Wasser könnte nötig sein.

## VARIATIONEN

- Wegwarteblüten passen auch zu Kirschen, Äpfeln, kleinen Birnen, besonders gut zu Zwetschken, gelben Ringlotten oder großen Pflaumen.
- Anstatt der Wegwarte können auch andere bitter schmeckende Kräuterblüten zu Brombeeren genommen werden, zum Beispiel die Blütendolde einer Schafgarbe, mehrere Gänseblümchen, einige Blüten der Klette (hier die Blütenblätter auszupfen, nimmt man die ganzen Körbchen, hat man trotz intensivem Mixen immer feine Härchen im Smoothie).
- Wer Fruchtsäfte zur Verfügung hat, mixt diese anstatt Wasser mit. Gut munden Apfelsaft, Birnensaft und auch der saure Preiselbeersaft – er unterstützt die entzündungshemmenden Eigenschaften.

## HINWEISE

Brombeeren werden vom Körper auch am Abend gut vertragen, sie haben beruhigende Wirkung. Wer seine Stimmbänder manchmal über Gebühr anstrengt, Reden hält oder viel singt und dadurch die Sprechwerkzeuge strapaziert, dem helfen die schwarzen Früchte. Sie sind Rachenpflege bei beginnender Heiserkeit.

## TIPP

Brombeeren gelten als Einschleuserpflanzen für den Mineralstoff Kupfer. Früchte kräftigen das Bindegewebe.

### Gut für Sie:

Höchster Gehalt an Karotin unter allen Beerenfrüchten, 1½ Tagesbedarf im Smoothie | dafür der geringste Vitamin-C-Gehalt | 1/10 des Tagesbedarfs an Eisen und Magnesium, auch Kupfer

REZEPT
FÜR 1 BIS 2
PERSONEN

# Chinakohl-Smoothie

## ZUTATEN UND ZUBEREITUNG

| ½ Chinakohl (ca 200 g) waschen, grob zerteilen und in den Mixer geben. | 1 bis 2 bereits weiche Kiwis schälen, halbieren und einfüllen. | 1 unbehandelte Bio-Zitrone mit heißem Wasser waschen, in Scheiben oder Stücke schneiden, ebenfalls in das Mixgerät tun. | Ein wenig Wasser zugießen. | Zuerst auf kleiner Stufe, dann auf der höchsten Stufe mixen. | Wasser zum Verdünnen nach eigenem Geschmack und Bedarf einrühren.

## VARIATIONEN

- Statt Chinakohl eine andere Salatsorte wählen.
- Statt Kiwis 1 weichen Apfel oder Apfelmus nehmen.
- Die Zitrone kann durch andere biologische Zitrusfrüchte oder deren Saft ersetzt werden, besonders fein schmeckt die Orange.
- Gewürze, wie z. B. Galgant oder Kurkuma oder auch frische Korianderblätter, etwas Melisse, auch Petersilie, Schnittlauch oder Dille werten den Drink auf.

## HINWEISE

Chinakohl ist eng verwandt mit dem Chinesischen Brokkoli. Hellgrüne Außenblätter und fast weiße Innenblätter haben einen höheren Wassergehalt als alle anderen Kohlsorten. Im Kühlschrank hält dieser Kohl in Folie etwa 2 Wochen, man kann ihn portionsweise verbrauchen, immer ein paar Blätter abtrennen, der Rest wird aufgehoben.

## TIPP

Die immunstärkenden Glucosinolate entstehen durch das Zerkleinern der Blätter. Erst wenn die Pflanzenzellen aufgebrochen sind, stehen diese Abwehrstoffe gegen Krebs zur Verfügung. Sie vernichten Zellgifte, auch Bakterien, Viren und Pilze.

Für Vegetarier wichtig: Chinakohl ist ein wunderbarer Spender von Blatt-Eiweiß, es macht mehr als 2 % aus. Diese Aminosäuren sind besonders wertvoll.

Mit Früchten wird der Chinakohl zur Vitaminbombe, die selbst Menschen mit empfindlichem Magen vertragen. Wer zu den hohen Vitamin-C und Provitamin A-Gaben zusätzlich noch viele B-Vitamine tanken will, streut 1 EL gemahlene Nüsse über sein Smoothie.

### Gut für Sie:

viel Vitamin C | etwas Vitamin $B_1$ | Folsäure | Vitamin $B_6$ | Kalium | Kalzium | Senföle | Eisen | 94,8 % Wasser | Beta-Karotine | Vitamin K | Mangan | Kupfer | Zink

REZEPT FÜR
1 PERSON

# Erdbeer-Alant-Melisse Smoothie

### ZUTATEN UND ZUBEREITUNG

| 150 g Erdbeeren waschen und in den Mixer geben. Bei Erdbeeren, die aus eigenem Garten stammen, unbedingt die grünen Kelchblätter an den Früchten lassen, bei Handelsware besser entfernen. | Mit wenig Wasser aufgießen, je nachdem, wie dick oder dünn Sie Ihren Vitamincocktail trinken wollen. | 1 bis 2 junge Blätter von Monatserdbeeren oder Walderdbeeren aus eigenem Anbau hinzufügen. Die Blätter können natürlich auch in der freien Natur gesammelt werden. In einem feuchten Tuch eingeschlagen und im Gemüsefach des Kühlschranks gelagert, bleiben sie viele Tage frisch. | Nun 2 bis 3 frische (oder getrocknete) Alantblüten zu den vorbereiteten Früchten tun, ebenso einige frische oder getrocknete Melissenblüten.

### HINWEISE

Erdbeerblätter haben hohen Gesundheitsnutzen. Bereits ganz wenige davon im Smoothie machen die Stoffwechselanregung intensiver, als Früchte alleine. Erdbeeren in ihrer Gesamtheit haben die Fähigkeit, die Ausschwemmung giftiger oder unnötiger Stoffe aus dem Körper zu veranlassen, sie sind eines der klassischen Blutreinigungsmittel, gut für Nieren und Harnleiter, für die Gallenblase und eine belastete Leber.

Wie Erdbeeren haben auch Alant und Melisse nieren- und leberunterstützende Eigenschaften und sind kleine Wunderwaffen für gute Stimmung, deshalb passen sie so gut zu den roten Sammelnussfrüchten.

### VARIATIONEN

Als Kräutervariante nehmen Sie Blütenblätter von Heckenrosen, Gartenrosen oder Blüten der Salbeiarten, auch ein paar Lavendelblüten oder die Blüten von Anisysop. Die Pflanzen harmonieren in den Inhaltsstoffen und haben annähernd denselben Wirkungsbereich im Körper.

### TIPP

Erdbeeren enthalten reichlich Kalium. Menschen, bei denen die Kaliumaufnahme Probleme bereitet, mischen Erdbeeren prinzipiell mit der Frauenpflanze Melisse. Melisse ist eine Einschleuserpflanze, sie sorgt dafür, dass die Kaliumaufnahme im menschlichen Körper begünstigt wird.

**Gut für Sie:**

1 Glas Erdbeersmoothie hat zwar nur 45 Kalorien, liefert aber mehr Vitamin C als beispielsweise Zitronen – genug für den ganzen Tag. | Mit der Folsäure in 150 g Erdbeeren hat man ein Fünftel der nötigen Tagesdosis abgedeckt, das enthaltene Vitamin $B_6$ entspricht dem Tagesbedarf eines Erwachsenen. | Außerdem enthalten: Zink und reichlich Eisen

REZEPT
FÜR 1 BIS 2
PERSONEN

# Feldsalat-Smoothie

## ZUTATEN UND ZUBEREITUNG

| 150 g Feldsalat verlesen, waschen und in den Mixer geben. | 1 große Banane schälen, in Teile teilen und ebenfalls hinein tun. | 1 Orange auspressen, den Saft einfüllen. | 1 EL kalt gepresstes Öl zufügen. | Zuerst auf kleiner Stufe, dann auf der höchsten Stufe mixen. | Wasser zum Verdünnen nach eigenem Geschmack und Bedarf einrühren.

## VARIATIONEN

- Statt Feldsalat beliebigen anderen Kopf- oder Schnittsalat verwenden.
- Als Ersatz für die Banane Apfel, Birne, Ananas oder Kompott nehmen.
- ½ Bio-Zitrone, mitsamt Schale und Kernen mitgemixt, erhöht den Vitamin C-Gehalt.
- Beliebige grüne Kräuter oder Sprossen, die keinen zu starken Eigengeschmack entwickeln, ergänzen den Feldsalat optimal, so z. B. etwas Brennnessel, einige Gierschblätter, etwas keimtötende Quecke mitsamt den Wurzeln oder ein kleines Petersiliensträußchen.
- Etwas Sellerie, auch 1 rohe, rote Zwiebel, 1 Karotte oder ein paar rohe Champignons sind mögliche Zutaten, die gut zueinander passen.
- Soll der Feldsalat mit Gemüsezutaten besonders mild sein, mixe man etwas Hafer Cuisine ein.

## HINWEISE

Beim Waschen besondere Sorgfalt aufwenden und mindestens 2 bis 3 Mal spülen. Feldsalat enthält häufig Sandteilchen, die Gift für das Mixgerät sind.

## TIPP

Feldsalat lässt sich im Blumentopf am Balkon ziehen. Bei gekaufter Ware eher Bioprodukte bevorzugen, da Feldsalat von Natur aus Nitrate anreichert und dazu im konventionellen Anbau noch mehr Möglichkeit hat.

Computerarbeiter haben einen höheren Bedarf an karotinhaltigen Nahrungsmitteln wie andere Personen und brauchen Feldsalat mindestens 1 Mal pro Woche.

Feldsalat aus der Familie der Baldriangewächse ist frosthart und deshalb im Winter der beste Vitaminlieferant. Seine Vorfahren wuchsen wild, erst seit etwa 80 Jahren wird er für den Verkauf kultiviert.

### Gut für Sie:

Beta-Karotin: deckt beinahe den Tagesbedarf | Vitamin C: deckt gemeinsam mit der Zitrusfrucht den Tagesbedarf | viel Vitamin $B_6$ | besonders viel Kalium und Eisen | viel Folsäure | ätherisches Baldrianöl

REZEPT
FÜR 2 BIS 3
PERSONEN

# Fenchel-Smoothie

## ZUTATEN UND ZUBEREITUNG

| 1 Knollenfenchel (150 g) mitsamt möglichst vielen grünen Blättchen waschen, den Wurzelansatz entfernen, eventuelle feine Fäden nach oben hin abziehen. Grob zerteilen und in den Mixer geben. | 1 kleine Zucchini waschen, in dicke Scheiben schneiden und zum Mixgut füllen. | 1 große Traube waschen, die Weinbeeren abrebeln und hinzu fügen. | Den Saft einer großen Orange dazu leeren. | Zuerst auf kleiner Stufe, dann auf der höchsten Stufe mixen. | Wasser zum Verdünnen nach eigenem Geschmack und Bedarf einrühren, eventuell noch 1 TL Öl, damit Vitamin A besser aufgeschlossen wird.

## VARIATIONEN

- Statt Zucchini Karotten oder einige Frühlingszwiebeln nehmen.
- Mit 2 bis 3 Tomaten und 1 Stängel Basilikum mixen (schmeckt interessant).
- Ananas und/oder Apfel, Birnen und/oder Walnüsse verwenden.
- Soll das Smoothie eher nach Gemüse schmecken, gibt man zusätzlich einige entsteinte Oliven dazu.
- Statt Orangensaft Zitronensaft verwenden.

## HINWEISE

Fenchel ist ein typisches Wintergemüse, das von Oktober bis Mai verkauft wird. Die Knolle mit dem süßlichen Anisgeschmack schmeckt nicht jedem, hat aber durchaus Anhänger, die das Hustenzuckerl-Aroma schätzen.

## TIPP

Ab 40 sollte Fenchel 2 Mal pro Woche am Speiseplan stehen, weil er die nachlassende Magensäureproduktion ausgleicht.

Die ätherischen Öle nützen nicht nur im Magen- und Darmtrakt, sie reagieren auch in den Atmungsorganen, helfen bei der Durchblutung der Schleimhäute und sind deshalb bei Erkältungen, Husten und Heiserkeit Heilnahrung.

Roh ist der Fenchel wirksamer als gekocht, die Samen sind als Arzneimittel für die Milchbildung und für Magenprobleme bekannt.

### *Gut für Sie:*

gesundheitsfördernde ätherische Öle | mehr als der Tagesbedarf an Vitamin C | hohe Konzentration von Beta-Karotin | reichlich B-Vitamine | die halbe Tagesmenge Magnesium | viel Folsäure | höchster Eisengehalt aller Gemüsearten | östrogenhaltige Stoffe | krebshemmendes Monoterpen Fenchon

REZEPT FÜR 1 BIS 2 PERSONEN

# Goldrute-Paprika-Smoothie

## ZUTATEN UND ZUBEREITUNG

| 2 gelbe, rote oder grüne kleine Paprika waschen, zerteilen und von den Kernen und Häuten befreien (sind meist zu scharf). | 1 Stängel echte Goldrute und 3 bis 4 Blüten und Blätter der Kapuzinerkresse mitsamt dem Gemüse in den Mixer geben. | 100 ml Wasser zufügen. | Zuerst auf kleiner Stufe, dann auf der höchsten Stufe mixen. |

Wasser zum Verdünnen nach eigenem Geschmack und Bedarf einrühren.

## VARIATIONEN

- Als Ersatz für die echte Goldrute könnte man auch die überall in Fülle wachsende eingewanderte Kanadische Goldrute nehmen, deren Geschmack nicht ganz so fein ist.
- Statt Paprika sind Tomaten denkbar, weiters Zucchini.
- Kapuzinerkresse kann durch ein wenig Gartenkresse oder einige Kressesprossen ersetzt werden. Immer können Ringelblumen-Blütenblätter mit von der Partie sein.

## HINWEISE

Goldrute hat wassertreibende und entzündungshemmende Eigenschaften. Sie sammelt immer dort Punkte, wo sie Wasseransammlungen im Körper, wie bei Herzerkrankungen, Leber- oder Nierenleiden, vorfindet. Und wer gerade durch eine Diät Gewicht verliert, der weiß ihre Hilfe beim Abtransport von Schlacken zu schätzen.

## TIPP

Alle Gemüse- und Gewürzpaprikas gehören zur selben Art *Capsicum*, können aber völlig unterschiedlich aussehen und auch schmecken. Paprikavielfalt entstand durch viele Vermehrer, die aus dem scharfen Urchili die milderen Sorten züchteten. Die manchmal höllische Schärfe verdanken Paprikas dem Capsaicin. Dieser Stoff regt die Hitzerezeptoren der Haut an und erzeugt ein beißendes Gefühl in Hals und Rachen. In großer Menge ist es vor allem in Kernen und weißen Innenhäuten enthalten, diese also entfernen, wenn mans nicht scharf mag.

### Gut für Sie:

Paprika hat doppelt so viel Vitamin C wie die gleiche Menge Zitrone. Außerdem große Mengen an Vitamin A und E, Flavonoide und Farbstoffe, Spurenelemente und ätherische Öle. Gut ergänzt wird dies duch die Gerb- und Bitterstoffe der Kräuter.

REZEPT
FÜR 1 BIS 2
PERSONEN

# Heidelbeer-Smoothie

## ZUTATEN UND ZUBEREITUNG

| Bei einem Smoothie aus Heidelbeeren hat man zwei Optionen. Entweder es werden Kulturheidelbeeren verwendet, dann nimmt man ein Schälchen, das etwa 150 g enthält. Bei den wild gesammelten Heidelbeeren sollten es weniger sein, pro Person höchstens 50 g. | Wilde Früchte besonders gründlich waschen, sie sind u. U. mit den Ausscheidungen von Waldtieren in Berührung gekommen. | Die größere Menge Kulturbeeren oder die kleinere Menge Wildfrüchte in den Mixer geben und mit 1 Tasse Wasser übergießen. | Die Blütenblätter von 1 Sonnenhut abzupfen und mit etwa 10 blauen Blüten des Borretsch zugeben. | Heidelbeeren und Kräuterblüten etwa ½ bis 1 Minute mixen. | Wenn nötig vor dem Trinken mit zusätzlichem Wasser verrühren.

## VARIATIONEN

- Anstatt der Heidelbeeren können Stachelbeeren, Jostabeeren, europäische Mini-Kiwis oder Apfelbeeren verwendet werden. Die Kräuterblüten harmonieren auch mit diesen Beeren auf das Feinste.
- Wer nur Sonnenhut-Blüten hat aber keine Borretschblüten, nimmt stattdessen 3 bis 4 Gänseblümchen, die Geschmacksnote wird dann bitterer.

## HINWEISE

Während die Kulturheidelbeeren hellfleischig sind, präsentieren sich die wilden Heidelbeeren durch und durch dunkelblau bis schwarz und auch viel kleiner als ihre Gartengeschwister. Sie stecken voller Farbe, voller Anthocyane, und bereits geringe Mengen sind eine wirksame Waldmedizin. Mehr als 1 Hand voll verursachen manchmal Bauchschmerzen – so gesund die Wildbeeren auch sind – die Natur zeigt genau, was wir konsumieren sollen.

## TIPP

Die Scheinfrüchte des Heidekrautgewächses sind Wirkstoffbomben. Die dunklen Pigmente stärken die Augen. Wie sehr, merkt man spätestens nach einer 3-wöchigen Heidelbeerkur, wenn die vorherige Nachtblindheit verschwunden ist und die Augen wieder strahlen. Dieser Effekt konnte bereits häufig beobachtet werden.

### Gut für Sie:

1/3 des Tagesbedarfes an Vitamin C | dazu viel Karotin | die Vitamine $B_1$ und $B_2$ | viel Eisen und Mangan. | Die höchste Energiebilanz aller Beeren mit hohen Kalziumwerten. | Die Kräuterblüten steuern Fruchtsäuren, Flavonoide, ätherisches Öl und Inulin bei

REZEPT FÜR
1 PERSON

# Himbeer-Rosen-Smoothie

## ZUTATEN UND ZUBEREITUNG

| 2 Hand voll Himbeeren ergeben etwa 100 g, die richtige Menge für eine einzelne Person. Die Himbeeren in ein Sieb geben und unter fließendem Wasser waschen. Dies ist nicht nötig, wenn es sich um wilde Himbeeren aus dem Wald oder um ungespritzte Himbeeren aus dem eigenen Garten handelt. | Die Früchte in den Mixer füllen und eine Tasse Wasser zufügen. | 2 voll entwickelte große Blüten von duftenden Gartenrosen abschneiden und die Blütenblätter abzupfen. | Zu den Himbeeren in den Mixer geben. | Etwa ½ Minute mixen, dann dürfte auch bei leistungsschwachen Mixern ein sämiges Smoothie entstanden sein. | Zuerst den Duft tief einatmen, dann sofort schluckweise trinken.

## VARIATIONEN

- Statt Himbeeren kann man auch fast alle anderen Beerensorten zum Mixen mit Rosen verwenden. Brombeeren sind weniger gut geeignet. Obwohl eng mit den Himbeeren verwandt, sind sie für zarte Rosen zu dominant. Besser eignen sich Jostabeeren, Stachelbeeren, Maulbeeren oder Taybeeren, eine Kreuzung aus Himbeere und Brombeere.
- Anstatt der Gartenrosen sind auch die Blüten von Heckenrosen, der Urform aller Rosensorten, perfekt. Man muss davon eine größere Menge nehmen, die Blätter von etwa 20 Blüten für eine Person sind ausreichend, erst dann ist der Rosengeschmack stärker als jener der Früchte. Die Blütenansätze nur dann mitmixen, wenn es nicht wichtig ist, wie sich das Smoothie den Geschmacksknospen mitteilt, sondern wenn es mehr auf die gesundheitliche Wirkung ankommt. Die grünen Teile sind ausgesprochen bitter.

## TIPP

Rosen sind die Königinnen der Natur und veredeln jeden Speisezettel. Achtung: Keine Blüten aus dem Blumenladen vewenden, auch sogenannte „Bio-Rosen" sind behandelt! Allen Rosen gemeinsam ist ihre entwässernde Eigenschaft und ihre kräftigende Wirkung.

Rosen sind die weiblichsten unter allen Blüten und ihr Wohlgeruch ist das Symbol für den Himmel und die Nähe Gottes. Die Rosengewächse Himbeeren und Rosen sind eine Apotheke im Garten. Seit altersher setzt die Volksheilkunde sie ein – für alle Beschwerden, die in einem reichen Frauenleben auftreten können.

### Gut für Sie:

Mit der oben beschriebenen Menge haben Sie 10 % Ihres Tagesbedarfs an Magnesium, Zink und Eisen gedeckt. | Außerdem 1/3 des Tagesbedarfes an Vitamin C. | Das Besondere sind aber die enthaltenen Flavonoide in Rose und Himbeeren, sie gelten als Anti-Krebs-Faktor.

REZEPT
FÜR 1 BIS 2
PERSONEN

# Karotten-Smoothie

## ZUTATEN UND ZUBEREITUNG

| 200 g frische Möhren unter Wasser gründlich abbürsten, in grobe Stücke schneiden und in den Mixer geben. | Frisches Karottengrün von zumindest 1 Möhre waschen und ebenfalls in den Mixer füllen. | 1 Apfel mitsamt dem Kerngehäuse waschen, zerkleinern und dazu tun. | 1 EL kalt gepresstes Pflanzenöl in den Mixer gießen. | 1 TL Zucker oder Birkenzucker beimengen. | 100 ml Wasser eingießen. | Zuerst auf kleiner Stufe, dann auf der höchsten Stufe mixen. | Wasser zum Verdünnen nach eigenem Geschmack und Bedarf einrühren.

## VARIATIONEN

- 1 Bund frischen Kerbel beifügen, wenn das Karottengrün fehlt. Auch Korianderblättchen, 1 Stängel Basilikum, 1 Hand voll Minze oder ½ Bund Petersilie schmecken gut.
- 1 Bio-Orange (mitsamt Haut und Kernen, ohne Schale), ein paar Rosinen und einige Nüsse sind eine gute Ergänzung.
- einige Löffel Mandelmilch verfeinern zusätzlich und machen das Smoothie noch bekömmlicher. Wenn man Mandelmilch verwendet, kann die Ölzugabe entfallen.

## HINWEISE

Karotten heißen in Amerika: Krebsbekämpfer. Tatsächlich sind die enthaltenen Karotinoide Schutzstoffe gegen Krebs, die effektiv arbeiten. Wenn eine menschliche Zelle bereits geschädigt ist, helfen sie bei der Reparatur. 1 Karotte/Tag halbiert bei Rauchern das Risiko, Lungenkrebs zu bekommen.

## TIPP

Je kleiner zerteilt die Karotte ist, desto einfacher hat es unser Körper, daraus Beta-Karotine (Vorstufe zum Vitamin A) aufzunehmen. Auch gekochte Karotten sind wertvolle Nährstoffspender, die heilenden Eigenschaften sind aber nur in der Rohkost vorhanden.

Karotten sind durch den hohen Pektingehalt Schonkost für Magen und Darm. Pektin quillt im Magen auf und legt sich schützend über eine gereizte Magen- oder Darmschleimhaut. Diese Pektine senken auch den Cholesterinspiegel.

Kalt gepresste Öle enthalten Vitamin E, das unentbehrlich für die Verarbeitung des fettlöslichen Vitamins A in unserem Körper ist, ohne Fett sind Karotten halb so gesund.

### Gut für Sie:

Alpha- und Beta-Karotin für einen ganzen Tag | einige B-Vitamine | viel ätherisches Öl | Folsäure | Flavonoide | Vitamin E, D und K | viel Pektin

REZEPT FÜR
1 PERSON

# Kirschen-Eibisch-Smoothie

## ZUTATEN UND ZUBEREITUNG

| 2 Hand voll Kirschen waschen, von den Stielen befreien und entkernen. | Einige Kirschenstängel (3 bis 4) ebenfalls säubern. In den Mixer geben. | Die oberen Triebspitzen von 2 Eibischstämmchen oder etwa 10 Eibischblüten hinzufügen. | Mit oder ohne Wasserzugabe in 1 bis 1 ½ Minuten fein pürieren. | Bereits beim Ausgießen ist merkbar, wie schnell dieses Smoothie stockt. | Nach 2 Minuten Stehzeit ist es fest wie ein Pudding und kann auch wie ein Kirschpudding gelöffelt werden. | Wer das nicht mag, muss Wasser einrühren, dann aber schnell trinken. | Die Geliereigenschaften werden nicht durch den Pektingehalt der Kirschen hervorgerufen. | Pektin ist in Kirschen normalerweise wenig enthalten. Pflanzenschleim und Pektin des Eibisch machen den Mix so geleeartig.

## VARIATIONEN

- Mit ein paar Heidelbeeren aufwerten, das optimiert den Vitamin-A-Gehalt.
- Mit Hafer Cuisine serviert, wird aus dem Smoothie ein vollwertiger Pudding.
- Kokosmilch schmeckt zu Kirschen sehr gut, Kinder lieben diese Verfeinerung.
- Anstatt Eibischblüten kann man auch alle anderen Blüten der Malvengewächse verwenden: Käsepappel, Stockrose und Rosenhibiskus.

## HINWEISE

Kirschen und Eibisch unterstützen sich in ihrer Wirkung. Kirschen und (im Winter) Kirschenstängel sind in der Volksmedizin beliebte Mittel bei Erkrankungen der Lunge. Eibisch ist bei Husten hochbegehrt.

Weil der Schleim auch die Schleimhäute der Bauchorgane schützt, ist dieses Smoothie ein Magen- und Darm-Pflegemittel.

## TIPP

Kirschen und Eibisch helfen dabei, Bindegewebe zu erhalten und neu aufzubauen, sie kräftigen die Kollagenfasern. So sind sie DAS Schönheitsmittel bei faltiger Haut. Ein weitere Pluspunkt sind die Fähigkeiten ihrer geballten Inhaltsstoffe, schädliche Substanzen an sich zu binden und der Ausscheidung zuzuführen. Eine Naturmedizin gegen Entzündungen aller Art.

### Gut für Sie:

Vitamin C, etwa ¼ der Tagesmenge in 1 Hand voll Kirschen | viel Karotin | Vitamine $B_1$ und $B_2$ | Folsäure und Eisen für das Blut | Asparagin – Vorstufe des Coenzyms A und wichtiger Botenstoff für das Gehirn im Eibisch | dazu ätherisches Öl und jede Menge gesunder Pflanzenschleim

REZEPT
FÜR 2 BIS 3
PERSONEN

# Kletten-Pfirsich-Smoothie

## ZUTATEN UND ZUBEREITUNG

| Einige sehr junge Klettenblätter zerteilen und in den Mixer geben. | 2 große oder 3 kleine Pfirsiche vom Kern befreien und, wenn sie nicht aus Bioanbau stammen, auch von der Haut. In Teile schneiden und zu den Klettenblättern geben. | 1 Hand voll Gundelrebe-Triebe mitsamt Stängeln und Blüten dazu tun. | Etwas Wasser, bis zu 100 ml, eingießen. | Zuerst auf kleiner Stufe, dann auf der höchsten Stufe mixen. | Wasser zum Verdünnen nach eigenem Geschmack und Bedarf einrühren.

## VARIATIONEN

- Junge Klettenstängel sind ebenso möglich, allerdings sollte man vorher die harte Außenhaut entfernen. Als Ersatz sind auch junge Bärenklau-Blätter (heimische Art!) denkbar, außerdem Eisbergsalat.
- ½ Zitrone ist eine Zutat, die noch mehr Vitamin C und Flavonoide spendet und gut passt, auch junge Karotten schmecken köstlich.
- Statt Gundelrebe können auch andere Wildsalat-Arten genommen werden.
- Äpfel, Birnen, Zwetschken, im Frühjahr Erdbeeren, jedes vollmundige Obst kann man mitmixen.

## HINWEISE

In der Volksmedizin kennt man die haut- und blutreinigende Wirkung der Klettenwurzel, die im Herbst des 1. oder im Frühjahr des 2. Jahres gegraben wird. Die Wurzeln sind gekocht besser verträglich.

## TIPP

Pfirsiche sind die Königinnen der Früchte, dies aber nur dann, wenn sie am Baum ausreifen können. Pfirsiche mit Druckstellen sind zwar noch zu gebrauchen, angefaulte Früchte sollte man aber immer wegwerfen. Sie enthalten ein besonderes „Schimmelpilzgift", das krebserregend ist.

Pfirsiche regen die Nieren an und sind wie die Klette echte Blutreiniger. Sie fördern den Abtransport von Wasseransammlungen im Gewebe und enthalten Enzyme, die den Stoffwechsel günstig beeinflussen.

### Gut für Sie:

viele ätherische Öle | Gerbstoffe | Bitterstoffe | Phytosterine, die bei der Aufnahme im Darm mit Cholesterin konkurrieren, aber für den Körper besser verträglich sind | Vitamine und Mineralstoffe, vor allem Zink

REZEPT
FÜR 1 BIS 3
PERSONEN

# Knoblauchrauken-Smoothie

## ZUTATEN UND ZUBEREITUNG

| ½ Eichblattsalat (= etwa 100 g) | waschen und die Blätter etwas zerkleinert in den Mixer geben. | 1 kleines Büschel Knoblauchrauke dazu geben | weiche Stiele mixen, harte Stielen aussondern (= 2 große ganze Pflanzen oder 3 bis 4 etwas kleinere).

| Etwas Wasser zufügen. | 1 Mango von Schale und Kern befreien und in Teile schneiden, ebenfalls in den Mixer füllen. | Zuerst auf kleiner Stufe, dann auf der höchsten Stufe mixen. | Wasser zum Verdünnen nach eigenem Geschmack und Bedarf einrühren.

## VARIATIONEN

- Bärlauchblätter (schmecken noch intensiver nach Knoblauch)
- Saft von 1 bis 2 Zitronen (schmeckt säuerlich)
- Apfelkompott ohne Zucker (schmeckt mild säuerlich)
- Birkenblätter (schmecken herb)
- Kohlrabiblätter (schmecken süßlich)
- Radieschenblätter (schmecken bitter)
- Kräuterblätter der Saison (schmecken herb-bitter)eventuell Brunnenkresse

## HINWEISE

Mit diesem Getränk ist der Tagesbedarf an Folsäure abgedeckt, außerdem ein Großteil des täglichen Vitamin-C-Nachschubs und gut verwertbares Eisen.

## TIPP

Knoblauchrauke ist eine der typischen Frühlingspflanzen, die für eine „Blutreinigungskur" nach der langen Winterperiode in Frage kommen. 1 großer Zweig entspricht im Geschmack etwa ½ Knoblauchzehe und sollte zumindest einmal im Jahr gegessen werden. Sie ist ein Impulsgeber für die warme Jahreszeit und stärkt die Abwehrkräfte. Das Immunsystem jubiliert. In der Kombination mit Mango tut mensch etwas zur Herzstärkung und kurbelt den Stoffwechsel an.

### Gut für Sie:

Vitamin A: 0,24 mg + Karotin | Vitamin C: 42 mg | Vitamin $B_1$: 0,12 mg | Vitamin $B_2$: 0,078 mg | Niacin 1,6 mg | Vitamin E: 2,80 mg | Kalium: 314 mg | Kalzium: 42 mg | Natrium: 25 mg | Phosphor: 33 mg | Magnesium: 29 mg | Eisen: 1,1 mg | Folsäure: 31 mg | Sinigrin | Senfölglykosid | ätherische Öle

REZEPT
FÜR 1 BIS 2
PERSONEN

# Kohlrabi-Löwenzahn-Smoothie

## ZUTATEN UND ZUBEREITUNG

| 1 Kohlrabi waschen, in grobe Teile schneiden und holzige Teile entfernen. In den Mixer geben. | Die grünen Blätter mitverwenden, die sich am oberen Ende der Knolle befinden. | 1 Knoblauchzehe schälen, ebenfalls hinzu fügen. | 1 Hand voll Wildsalat (Löwenzahn, gerne auch Blüten) oder Feldsalat verlesen. | Mitsamt 1 Tasse Wasser in den Mixbehälter geben. | Auf höchster Stufe fein mixen. | Mit beliebig Wasser verdünnen, etwas Schnittlauch oder gehackte Petersilie darüber streuen.

## VARIANTEN

- Auf Knoblauch verzichten.
- Anstatt des Wildsalates Salatblätter, Giersch oder Gundelrebe verwenden.
- Zu Kohlrabi passen Feigen, Banane, Zitrone, Orange, Mango oder Papaya.
- Soll der Kohlgeschmack dominieren, so nimmt man einige Blätter Wirsing oder Weißkohl dazu.
- Extrem mild im Geschmack wird der Gemüsedrink dann, wenn man ein paar Löffel Kokosmilch beifügt oder anstatt Wasser Kokosmilch zum Verdünnen nimmt.

## HINWEIS

Es gibt außer dem hellgrünen auch blauvioletten Kohlrabi. Er ist länger haltbar, dafür aber anfälliger dafür, holzig zu werden. Die etwas kleineren Exemplare sind auch die feineren im Geschmack. Frische Kohlrabi erkennt man an knackigen grünen Blättchen. Nach längerer Lagerung wird ein Kohlrabi fast immer holzig. Die zarten Blätter enthalten bis zu 100-Mal so viel Provitamin A, 3-Mal so viel Vitamin C und 10-Mal so viel Eisen und Kalzium wie der übrige Pflanzenteil.

## TIPP

Kohlrabi ist Anreger für die Nieren und den Gallenfluss. Kinder unterstützt das Gemüse beim Knochenwachstum und beim Aufbau der zweiten Zähne. Dieser zarte Kohl ist eines der effektivsten Anti-Aging-Produkte, das die Natur uns liefert, er regt den Zellstoffwechsel an und fördert die Blutbildung.

Kohlrabis sind ein Stängelgemüse. Die Knollen sind nichts anderes als "verdickte" Blattstiele und schon seit dem frühen Mittelalter der Deutschen liebstes Gemüse. Es zählt zu den ältesten Kohlarten überhaupt, der frühere Name war "Rübenkohl". Am mildesten schmecken Frühkohlrabis und jene aus dem Treibhaus.

### Gut für Sie:

Deckt mehr als den Tagesbedarf an Vitamin C | deckt ½ Tagesbedarf an Antioxidantien wie Provitamin A | Vitamin $B_1$ | Vitamin $B_2$ | reichlich Niacin | reichlich Biotin | reichlich Folsäure | viel Magnesium | viel Selen | Kalzium | Senfölglykoside | Apfelsäure | Zitronensäure

REZEPT
FÜR 1 BIS 2
PERSONEN

# Kresse-Heidelbeer-Smoothie

## ZUTATEN UND ZUBEREITUNG

| 125 g Heidelbeeren waschen, verlesen und in den Mixer geben. | 3 Pfirsiche waschen, entsteinen, in handliche Teile teilen und ebenfalls einfüllen. | Von 1 handelsüblichen Menge Kressesprossen alle Blättchen mitsamt den Stängeln abschneiden und hinzu fügen. | 100 ml Wasser (gerne auch mehr) eingießen.| Zuerst auf kleiner Stufe, dann auf der höchsten Stufe mixen. | Wasser zum Verdünnen nach eigenem Geschmack und Bedarf einrühren.

## VARIATIONEN

- Jedes Obst ist möglich, aber Heidelbeeren mit Pfirsichen schmecken besonders gut und werden ausgesprochen schaumig und vollmundig.
- Statt Pfirsich Zwetschken oder Ringlotten nehmen.
- ½ Zitrone mitmixen, besonders bei sehr süßen Früchten, oder wenn das Smoothie eine Zeit lang stehen muss – durch die Zitrone bleibt die Farbe schön.

## HINWEISE

Heidelbeeren sind nicht nur Blut bildend, sie sorgen auch für dessen „Reinheit". Außerdem verarzten sie die Blutgefäße im Auge und im Gehirn, das ist gut bei Nachtblindheit und Vorsorge gegen Schlaganfall. Die Indianer kochten aus Heidelbeeren ein dickes Mus, das sie in der Sonne trockneten. So hatten sie während des ganzen Jahres die heilkräftigen Eigenschaften der Heidelbeeren zur Verfügung. Bei uns tut es auch Marmelade.

## TIPP

Nur die heimischen Heidelbeeren haben blaue Haut und blaues Fruchtfleisch, bei den Zuchtheidelbeeren beschränkt sich die Farbe auf die Haut.

Farbstoffe der Blüten und Früchte gehören zu den wichtigsten Anitoxidantien. Vielleicht ist deshalb die kleine *Vaccinium myrtillus* schon vor Jahrhunderten zur Heilpflanze geworden. In ihr stecken Stoffe, die sonst nirgends vorkommen.

### Gut für Sie:

Vorstufen Vitamin A: mehr als Tagesbedarf | Vitamin C: 110 mg = mehr als Tagesbedarf | Vitamin $B_1$: 0,49 mg = ½ Tagesbedarf

REZEPT
FÜR 1 BIS 2
PERSONEN

# Labkraut-Zitronen-Smoothie

### ZUTATEN UND ZUBEREITUNG

| 3 bis 4 gelb oder weiß blühende Labkrautstängel, vor allem die Blütenstände, waschen. Sehr harte Stiele aussondern. | In den Mixer geben. | 1 Bio-Zitrone gründlich waschen und in Scheiben schneiden, eventuell noch einmal teilen, dann hat es der Mixer leichter. Alles verwenden, sowohl Schale, als auch weiße Innenhäute und Kerne. | Zuerst auf kleiner Stufe, dann auf der höchsten Stufe mixen. | Wasser zum Verdünnen nach eigenem Geschmack und Bedarf einrühren.

### VARIATIONEN

- Statt Zitrone Orange oder Mandarine nehmen.
- Auch das Klettenlabkraut schmeckt gut und ist womöglich leichter zu finden
- Wo Goldrute und gelbe Taubnessel wachsen, nimmt man auch diese Blüten dazu, damit hat man einen der besten Nierenhelfer, den es gibt.
- Labkraut verträgt sich gut mit allen sauren Obstsorten und mit Salaten, nicht aber mit Kohl.

### HINWEISE

Labkraut unterstützt das Lymphsystem in seiner Aufgabe, Gifte und Abfall aus dem Körper zu transportieren. Der Name geht auf das enthaltene Ferment zurück, das „Lab", das früher bei der Käseherstellung zur Gerinnung der Milch genutzt wurde.

### TIPP

Dieses Smoothie schmeckt, selbst wenn die Zitrone sehr sauer ist, ausgesprochen rund und ausgewogen. Bitteres und Saures vereinen sich zu einem vollendeten Getränk, das eine Wohltat für einen etwas depressiven Charakter ist. Labkraut gehört zu den Glückspflanzen und lässt der Schwermut keine Chance.

**Gut für Sie:**
viel Vitamin C | viel Kieselsäure für Nerven und Knochen | Labferment | ätherische Öle und Flavonoide als Schutzstoffe für Gefäße und Zellen

REZEPT
FÜR 2 BIS 3
PERSONEN

# Lauch-Erdbeer-Smoothie

## ZUTATEN UND ZUBEREITUNG

| 2 bis 3 junge Lauch-Stangen oder Frühlingszwiebeln von den äußeren Häuten befreien, zerkleinern und in den Mixer geben. | 1 Becher (ca. 150 g) Erdbeeren gründlich waschen. Wenn Sie Bio-Erdbeeren oder solche aus dem eigenen Garten verwenden, sollten Sie die grünen Kelchblätter keinesfalls entfernen. | In den Mixer füllen und mit etwas Mandelmilch (oder Fruchtsaft oder Wasser) aufgießen. | Wenn möglich, ½ Bio-Orange (mit der Schale) oder 1 Mandarine (geschält) zufügen. | Sämig mixen und sofort trinken, da sonst der Zwiebelgeschmack zu dominierend wird.

## VARIATIONEN

- Rohe Zwiebeln und roher Lauch passen hervorragend zu reifen Feigen, zu Äpfeln, Nüssen und zu grünen Salaten.
- Statt Erdbeeren kann man viele Beeren-Sorten verwenden, z. B. Stachelbeeren oder Johannisbeeren, Josta-Beeren oder Trauben. Himbeeren eignen sich weniger.

## HINWEISE

Die zarte, gelblich-grüne Frühkultur des Lauchs heißt auch Frühlauch und wird meist in Bündeln angeboten. Dieser Lauch ist ideal für den Rohverzehr. Der bereits ausgewachsene und dicke „Winterlauch" oder Porree ist schwer verdaulich und deshalb roh weniger bekömmlich. Lauch gehört zu den wichtigen Gemüsesorten, denn seine Inhaltsstoffe reinigen von Schadstoffen und machen fit. Die Leistungen der inneren Organe, vor allem Nieren, Leber und Galle werden angeregt. Alles, was Menschen bis ins hohe Alter brauchen, ist enthalten, deshalb gilt Lauch als Verjüngungsmittel.

## TIPP

Erst durch die Zerstörung des Gewebes, wie es beim Mixen oder Schneiden geschieht, können die schwefeligen Enzyme (Senföle) von Lauch oder nahen Pflanzen-Verwandten wie Zwiebeln oder Knoblauch, freigesetzt werden.
Gerade sie entfalten ihre heilsame Wirkung in hohem Maß. Deshalb sind Lauch, Zwiebel & Co zur Vorbeugung von Gefäßveränderungen bestens geeignet.

Die hl. Hildegard stufte den Lauch als schädlich ein. Für Menschen mit „feurigem" Temperament ist der rohe Lauch wirklich nicht so geeignet, denn die schwefelhaltigen Stoffe heizen das Element „Feuer" nochmals an. Für Leute, deren Element das „Wasser" ist, die also zu Erkältungen neigen und eher gefühlsorientiert sind, gibt es nichts Besseres als rohen Lauch und rohe Zwiebeln.

### Gut für Sie:

Vitamin A: ½ der täglich benötigten Menge | Vitamin C: mehr als die Tagesmenge | Vitamin $B_1$: etwa 0,13 mg | Vitamin $B_2$: etwa 0,6 mg

REZEPT
FÜR 1 BIS 3
PERSONEN

# Lilien-Erdbeer-Smoothie

## ZUTATEN UND ZUBEREITUNG

| ½ kg Erdbeeren waschen, in den Mixer geben. | 3 bis 4 Taglilienblüten mitsamt Griffel und Staubblättern wenn nötig waschen und mit den Beeren mixen. | 2 bis 3 zarte Melissentriebe mitsamt den Blüten dazu tun. | Zuerst auf kleiner Stufe, dann auf der höchsten Stufe etwa 1 bis 2 Minuten mixen. | Man kommt ohne Wasserzugabe aus, Taglilien unterstreichen den Geschmack der Erdbeeren delikat und geben zusätzliche Süße.

## VARIATIONEN

- Beliebige Beeren, z. B. Johannisbeeren, Himbeeren, Stachelbeeren anstatt der Erdbeeren verwenden.
- Zusätzlich zu den Lilienblüten noch Königskerzenblüten mixen, das tut der Lunge gut und macht ausgeglichen.
- Der Grünanteil aus Melissenblättern passt besonders gut zu Erdbeeren. Ändert man die Beerenart, so sind auch Himbeerblätter, Erdbeerblätter, Brombeerblätter, sehr junge Brennnesselblätter, junge Gierschblätter oder ein Stämmchen Basilikum denkbar.
- Taglilien passen gut zu Pfirsichen, Aprikosen, Nektarinen und Weintrauben, bereichern aber auch jedes Smoothie aus Blattsalaten oder Wildkräutern.

## HINWEIS

Ausschließlich ungespritze Bio-Blüten verwenden. Erdbeeren sind hervorragende Entwässerer und deshalb ideal zum Abnehmen.

## TIPP

Mit den Erdbeeren sind Lilien ein wahres Kraftpaket für das Abwehrsystem.

Taglilien enthalten starke Antioxidantien, darunter Cholin, das in allen Körperzellen gebraucht wird. Cholin wird zwar im Körper synthetisiert, muss aber auch in der Nahrung enthalten sein. Es hilft dabei, unser Blut von Giftstoffen aus der Umwelt zu befreien, weil es das Enzymsystem der Leber unterstützt. Für den Transport von Fetten aus der Leber ins Gewebe ist es unverzichtbar. Es wird aber auch in den Nieren und im Gehirn benötigt. Ostasiaten wissen das schon lange und verwenden die ganze Pflanze als Nahrungsmittel.

### Gut für Sie:

0,30 mg Karotin | 384 mg Vitamin C | Vitamin $B_1$: 186 µg | Vitamin $B_2$: 270 µg | 735 mg Kalium | 140 mg Kalzium | Phosphor: 145 mg | Eisen: 5,4 mg | Polyphenole | Salicylsäure | Flavonoide | Cholin | Folsäure | Lycopin | Magnesium | Niacin | Pantothensäure | Vitamin K

REZEPT
FÜR 1 BIS 3
PERSONEN

# Nachtkerzen-Melonen Smoothie

## ZUTATEN UND ZUBEREITUNG

| ½ Zuckermelone von der Schale befreien, mitsamt den Kernen in Stücke teilen und in den Mixer geben. | Je kleiner die Stücke, desto leichter funktioniert das Mixen. Bei großen Teilen muss das Gerät immer wieder ausgeschaltet und die Melone nach unten geschoben werden | 5 bis 6 Nachtkerzenblüten, frisch aus dem Garten (welken rasch, es können auch etwas mehr sein oder etwas weniger), dazu geben. | Von 2 Sonnenhutblüten die Blütenblätter abzupfen und mitmixen. | 1 bis 3 Erdbeerblätter aus Wildsammlung oder dem eigenen Garten zuletzt beifügen. | Die Farbe des Smoothies hängt von der verwendeten Menge und der Art der Erdbeerblätter ab. Je jünger die Blätter sind, desto weniger verändert sich die Melonenfarbe. Sind die Blätter schon älter und dunkelgrün, wird das Getränk eher beige mit einem Stich ins Braun. | Zuerst auf kleiner Stufe, dann auf der höchsten Stufe mixen. | Wasser zum Verdünnen nach eigenem Geschmack und Bedarf einrühren.

## VARIATIONEN

- Statt Melone 2 bis 3 Tassen Beeren (Himbeeren, Erdbeeren, Jostabeeren) verwenden.
- Erdbeerblätter sind mild im Geschmack und unterstreichen das Aroma der Melone. Herbere Pflücksalat- oder Wildpflanzenblätter verändern die Gesamtkomposition etwas, sind aber ebenso denkbar. Vor allem könnte man Blätter der Nachtkerze verwenden.

## TIPP

Nachtkerzen machen schöne Haut und beruhigen in stressigen Zeiten. In Kombination mit Melone oder Beeren kurbeln die Blüten gemeinsam mit Wildpflanzenblättern den Stoffwechsel an, ein positiver Einfluss auf erhöhte Cholesterinwerte ist wahrscheinlich. Wer die Leber schützen, eine Behandlung von Altersdiabetes unterstützen und etwas gegen Ekzeme tun will, fügt noch 1 TL Nachtkerzenöl zu. Die reinigende Wirkung hat die Nachtkerze übrigens nicht nur auf die Haut sondern auch auf die Lunge.

### Gut für Sie:

Vitamin A: 160 IE | Vitamin C: 60 mg | Vitamin $B_1$: 0,13 mg | Vitamin $B_2$: 0,04 mg | Vitamin $B_6$: 0,24 mg | Niacin: 1,3 mg | Vitamin E: 0,06 mg | Vitamin K: 8,10 µ | Kalium: 720 mg | Kalzium: 20 mg | Natrium: 60 mg | Phosphor: 36 mg | Magnesium: 35 mg | Eisen: 0,60 mg | Zink: 0,28 mg | Mangan: 0,09 mg | Colin: 24 mg | Lutein: 86 µ | Pantothensäure: 0,5 mg | Selen: 2 µ | Linol- und Linolensäure

REZEPT
FÜR 1 BIS 2
PERSONEN

# Nektarine-Berufkraut Smoothie

### ZUTATEN UND ZUBEREITUNG

| 3 Nektarinen gründlich waschen, teilen, in Spalten schneiden und dabei entkernen. | In das Mixgefäß geben. | Etwa 10 Blüten des Berufkrautes frisch abpflücken und zu den Nektarinen füllen. | Die gelben Zungenblüten aus 2 Löwenzahnkörbchen herauszupfen und ebenfalls hinzufügen. | Nun entweder mit 1 Tasse Wasser oder 1 Tasse stark verdünntem Apfel- oder Birnensaft aufgießen und mixen. | In 1 bis 2 Minuten ist das Smoothie fertig. | Sofort trinken, wenn nötig mit etwas Wasser oder Saft verdünnen.

### VARIATIONEN

- Zu Nektarinen passen sowohl süße als auch bittere Kräuterblüten, auch mit anderem Steinobst oder Salaten kann gemischt werden. Das Nektarinenmus schluckt selbst bitterste Geschmackskomponenten. Es verträgt sich aber zum Beispiel nicht besonders gut mit Wurzelgemüse.
- Beerensaft oder Kernobst-Saft als Flüssigkeit nehmen.

### HINWEISE

Nektarinen sind eigentlich Pfirsiche. Sie haben den gleichen botanischen Namen *Prunus persica* – allerdings steht bei der Nektarine der Zusatz „*laevis*" – das bedeutet „glatt". Pfirsichbäume mutierten bereits im alten China manchmal und brachten dann Früchte mit glatter Haut hervor. Das rief Züchter auf den Plan und schon wurde aus der Mutantin eine neue Obstsorte.

### TIPP

Berufkraut ist fast überall zu finden. Die kleinen, weißgelben Blütenköpfchen sind etwas bitter und seit Jahren im Wildsalat beliebt. Der Gesundheitsnutzen liegt im hohen Vitalstoffgehalt und in der entzündungshemmenden Eigenschaft. Berufkraut gehört in die Kategorie Darmpflege-Mittel.

**Gut für Sie:**

Ätherisches Öl | Cholin | ½ Tagesbedarf an Carotinoiden | etwas Vitamin C | etwas Folsäure | Magnesium | Eisen und Zink | viel Niacin

REZEPT
FÜR 2 BIS 3
PERSONEN

# Odermennig-Smoothie mit Aprikosen

## ZUTATEN UND ZUBEREITUNG

| ½ kg Aprikosen waschen, entsteinen und in den Mixer geben. | 1 Hand voll junge Odermennigtriebe, junge Blätter und Blüten verlesen, hinzufügen und den Mixer einschalten. | Sind die Aprikosen zu wenig saftig, bis zu 1 Tasse Wasser in das ausgeschaltete Gerät schütten. | Zuerst auf kleiner Stufe, dann auf der höchsten Stufe mixen. | Weiteres Wasser zum Verdünnen nach eigenem Geschmack und Bedarf einrühren.

## VARIATIONEN

- Gelbe oder blaue Ringlotten anstatt der Aprikosen nehmen, schmeckt süß.
- Sehr weiche, bereits überreife Birnen mitsamt Schale und Kernen ergeben mit dem Odermennig eine erfreuliche Kombination mit bitteren Sequenzen, bei Birnen etwas mehr Odermennig nehmen.
- Wenn nichts anderes zur Hand ist, tut es auch 1 Banane und 1 geschälte Orange mitsamt Kernen und möglichst viel weißer Haut, dann eventuell noch 1 Zweiglein Gundelrebe dazu tun.

## HINWEISE

Odermennig unterstützt das Aroma der Aprikose geradezu optimal. Um die orange Farbe des Smoothies zu bewahren, eher mehr Blüten als Blätter nehmen. Besonders gesund sind aber auch die frischen, grünen Blätter, die sich etwas pelzig anfühlen.

## TIPP

Odermennig ist eine Hoffnungspflanze. In alten Texten wird das Kraut „Heil aller Welt" genannt. Besonders gilt dies dann, wenn einem etwas „an die Leber" oder „an die Nieren" geht und wo ist das heute nicht der Fall. Leber und Nieren, unsere klassischen Entgiftungsorgane, müssen gepflegt werden und dabei hilft Odermennig gut und gerne.

### Gut für Sie:

Aprikosen (Marillen) sind traditionell große Lieferanten von Beta-Karotin und Lycopin. Sie gelten als die weiblichsten aller Früchte. Wie auch der Odermennig enthalten sie viel Kieselsäure und Niacin, wichtige Stoffe für Haut, Zähne, Haar und Nerven. Pflanzensäuren und ätherische Öle tun das ihre zur Anregung des Stoffwechsels. Frische heimische Früchte sind rar, deshalb zur Saison im Juni bis August laufend verwenden.

REZEPT
FÜR 1 BIS 2
PERSONEN

# Pfirsich-Nelke-Malve-Smoothie

## ZUTATEN UND ZUBEREITUNG

| 4 kleine Weinbergpfirsiche oder 2 bis 3 große Pfirsiche entkernen. Stammen die Früchte aus eigenem Anbau, kann man sie mit der Schale verwenden, ansonsten sollte man die Haut entfernen. | Die Pfirsiche mitsamt den Blütenblättern von mindestens 3 großen Nelkenblüten (ohne bitteren Blütenboden) in den Mixer füllen. Von kleinblütigen Sorten nimmt man die Blütenblätter von bis zu 10 Blüten. | Zur Unterstützung einige Blüten der Käsepappel oder einer Malve (nur Blütenblätter ohne grüne Teile) hinzufügen. | 1 Tasse Wasser oder verdünnten Apfelsaft beigeben. | In 1 bis 2 Minuten samtig mixen und sofort trinken.

## VARIATIONEN

- Es sind alle Nelkenarten denkbar, vor allem Gartennelken mit intensivem Duft sind gefragt, aber auch Kuckucks-Lichtnelken, Grasnelken oder Pechnelken sind möglich. Wildpflanzen sind herber als Gartenzüchtungen. Niemals Nelken aus dem Blumenladen verwenden – auch wenn „bio" drauf steht. Auf Gemüsemärkten gibt es manchmal eigene Verzehrnelken zu kaufen.
- Wenn viele Nelken im Garten blühen, geben sie Smoothies aus Äpfeln, Bananen, Nektarinen oder milden tropischen Früchten den typischen Nelkengeschmack und -duft. In Gemüse- oder Salatmixturen verschwindet die besondere Note, eine Ausnahme ist hier nur der Blumenkohl.
- Wer die leicht bittermandelartige Note des Pfirsichkerns liebt, muss diesen knacken und kann das kleine weiße Nüsschen zum Smoothie geben. 1 Kern genügt.

## HINWEISE

Beim Pfirsich kommt es bei den einzelnen Sorten zu großen Unterschieden in Fruchtgröße, Fleischfarbe und auch Geschmack. Je farbenprächtiger und praller die Frucht, desto bedeutender der Nutzen für die persönliche Verjüngungskur. Pfirsiche versorgen mit reichlich gelbem Farbstoff, den Xantophyllen, die besonders Augenzellen schützen, aber auch alle anderen Zellen zur Neubildung anregen.

## TIPP

In der Überlieferung und TCM sind Nelken harntreibende, blutstillende und auch Bakterien tötende Heilpflanzen. Die Blütenblätter sind in vielen Kulturen Bestandteil von lungenstärkendem Hustentee.

### *Gut für Sie:*

½ Tagesmenge an Karotin | ½ Tagesmenge an B1 und B2 | dazu viel Niacin | Zink | Magnesium | Eisen und Selen

REZEPT
FÜR 1 BIS 2
PERSONEN

# Radieschen-Sonnenblumen Smoothie

## ZUTATEN UND ZUBEREITUNG

| Das Grün von 1 Bund Radieschen abschneiden, waschen und in den Mixer geben. | 1 gut gewaschene Biozitrone in dicke Scheiben und dann in Würfel schneiden, zu den Blättern geben und alles grob mixen. | Blütenblätter von 2 bis 3 großen Sonnenblumen abzupfen. | Einige Johanniskrautblüten und -knospen von 1 Pflanze nehmen und die gelben Blüten ebenfalls zugeben. | Auf höchster Stufe mixen, die Zugabe von Wasser erleichtert den Zerkleinerungsvorgang. | Anschließend nochmals Wasser nach eigenem Geschmack und Bedarf einrühren.

## VARIATIONEN

- Radieschenknollen mitmixen, schmeckt intensiv scharf.
- Zitrone weglassen und fertigen Orangensaft zufügen, macht das Smoothie weniger bitter.
- Einige Löffel Hanfdrink beigeben, gibt eine milde interessant-herbe Note.
- Kleine Mengen Zucchini, Gurke oder Tomate mitmixen, unterstreicht den Gemüsegeschmack.

## HINWEISE

Statt der Sonnenblumen können auch Tagetes, Ringelblumenblätter und überbrühte Margaritenblüten dazu kommen, auch Erdbeerblüten oder Gänseblümchen, ebenso Löwenzahn. Gelbe oder gelb-weiße essbare Blüten bevorzugen.

## TIPP

Täglich eine ganze Zitrone ist das Geheimrezept vieler Menschen, die jeden Infekt abwehren. Dabei kommt es aber nicht nur auf den Saft an, sondern auch auf das weiße Fleisch unter der Schale und in den Zwischenhäuten. Hier befinden sich Mengen an Bioflavonoiden, die unsere Zellen vor dem Eindringen der freien Radikalen schützen, die unser Immunsystem schwächen.

Das enthaltene Querzetin reduziert die Ausschüttung von Histaminen - für Allergiker interessant. Die klein gemixte Zitrone mitsamt Schale, Kernen und den Innenhäuten ist ein Powerpaket für die Gesundheit.

### Gut für Sie:

**Mit einem Bund Radieschen samt Grün hat ein Mensch den gesamten Vitamin-K-Bedarf eines Tages abgedeckt und bereits die Hälfte des Vitamin C-Bedarfs. | Sonnenblumen liefern Cholin, Lutein, Flavonoide, Phytosterin und Linolsäure.**

REZEPT
FÜR 2 BIS 3
PERSONEN

# Ringelblume-Pfirsich Smoothie

## ZUTATEN UND ZUBEREITUNG

| Die Blütenblätter von einem Handbüschel Ringelblumen (= das, was man locker zwischen 2 Fingern trägt) abzupfen, in den Mixer geben. | 2 bis 3 Pfirsiche entkernen, von der Haut befreien und in Stücke schneiden, dazu fügen. | Die Blättchen von 1 bis 2 Zweigen Bibernelle abstreifen und als Gewürz beimengen. | Etwas Wasser oder Kokoswasser hinzu gießen. | Zuerst auf kleiner Stufe, dann auf der höchsten Stufe mixen. | Wasser zum Verdünnen nach eigenem Geschmack und Bedarf einrühren.

## VARIATIONEN

- Statt Pfirsiche Nektarinen, Aprikosen und, so noch vorhanden, Süßkirschen oder Weichseln nehmen.
- Mit Mirabellen, Reineclauden oder Zwetschken mixen. Ebenso mit Brombeere und Bananen.
- ½ Zitrone lässt die Farben leuchten und sorgt dafür, dass man das Smoothie ohne Farbverlust ein wenig stehen lassen kann.
- Überbrühte Margeriten schmecken wesentlich bitterer.
- Mit Zucchini oder gekochtem Kürbis, ein hervorragendes Mus.
- Anstatt Bibernelle sind als Gewürz auch frischer Estragon, etwas Petersilie, Kerbel oder Liebstöckl möglich.

## HINWEISE

Bibernelle schmeckt ganz leicht nach Gurke und ist das klassische Kraut für Sänger und Redner.

## TIPP

Gemixte Ringelblumen mit Obst ergeben eine hervorragende Maske für trockene Haut.

Die Blütenblätter haben einen pikanten Eigengeschmack und waren früher der Ersatz für Safran, weil sie jede Speise goldgelb färben.

Das enthaltene Calendulin ist ein heilender Stoff, vor allem für Haut und Schleimhäute. Berühmt ist die Ringelblumen-Salbe, die als Wundheilmittel schlechthin gilt.

### Gut für Sie:

viele Karotinoide, die im Körper bei Bedarf in Vitamin A umgebaut werden. | Querzetin, starkes Antioxigen, das Gefäße abdichtet und vor Krebs schützt | weitere Flavonoide | Vitamin C | Fermente | ätherisches Öl | Farbstoffe, die Entgiftungsenzyme aktivieren

REZEPT FÜR
2 PERSONEN

# Rotkraut-Smoothie

## ZUTATEN UND ZUBEREITUNG

| Rotkrautblätter (etwa 100 g) vom Strunk lösen, waschen und grob zerteilt in den Mixer geben. | ½ Endiviensalat (etwa 100 g) ebenfalls waschen und grob zerkleinert beifügen. | ½ geschälte Orange, in Stücke zerteilt, dazu geben. | ½ Becher Hafer Cuisine eingießen. | Als Würze 1 TL Honig und 1 TL frischer Meerrettich. | Zuerst auf kleiner Stufe, dann auf der höchsten Stufe mixen. | Wasser zum Verdünnen nach eigenem Geschmack und Bedarf einrühren.

## VARIATIONEN

- Statt Orange 1 Apfel verwenden, auch Erdbeeren oder Ribisel (Johannisbeeren) schmecken gut.
- Endivie durch andere Salatsorten ersetzen.
- ½ Zitrone beifügen, dann mehr Honig verwenden.
- Meerrettich weglassen und Kapuzinerkresseblätter, Gartenkresse, Radieschen- oder Kressesprossen verwenden. Auch Petersilie ist möglich.
- Statt Hafer Cuisine Mandel- oder Kokosmilch nehmen, dann aber einige Tropfen kalt gepresstes Öl einmengen.

## HINWEISE

Die äußeren Hüllblätter entsorgen, sie enthalten vielleicht Umweltschadstoffe und sind außerdem ziemlich hart.

Die Farbstoffe des Rotkohls hinterlassen Spuren auf Händen und Schneidbrettern aus Holz, Zitronensaft kann dies verhindern.

## TIPP

Regelmäßiger Verzehr von Kohl (Kraut) in allen Varianten führt zum „Anti-Ulcus-Faktor". Das bedeutet, Magen- und Darmgeschwüre werden verhindert oder sogar geheilt. Das funktioniert aber nur dann, wenn das Kraut roh gegessen wird.

Rotkraut harmoniert hervorragend mit Ananas und Walnüssen oder Mandeln.

Ein besonders gesunder sekundärer Pflanzenstoff ist das Glucosinolat, das außer im Kohl nur noch in Meerrettich oder Senf vorkommt.

**Gut für Sie:**
große Mengen Anthocyane (Farbstoffe), wie sie auch in blauen Beeren vorkommen | viel Vitamin C | Vitamine der B-Gruppe | Vorstufen zu Vitamin A, so viel, dass es für den ganzen Tag reicht | viel Eisen | Vitamine K und E

REZEPT
FÜR 2 BIS 3
PERSONEN

# Rucola-Smoothie

## ZUTATEN UND ZUBEREITUNG

| 1 Bund Rucola waschen, locker in den Mixer füllen. | 1 Becher (bis 250 g) Himbeeren abspülen und ebenfalls in den Behälter geben. | Einige Kapuzinerkresseblüten und -blätter hinzu fügen. | 100 bis 150 ml Wasser eingießen. | Zuerst auf kleiner Stufe, dann auf der höchsten Stufe mixen. | Wasser zum Verdünnen nach eigenem Geschmack und Bedarf einrühren.

## VARIATIONEN

- Statt Rucola kann ohne weiteres auch Radicchio oder Endivie verwendet werden.
- ½ Bund ist ausreichend, wenn die Blätter nicht mehr ganz jung sind, der Gerbstoffgehalt ist dann zu hoch, den Rest durch mildere Salatvarianten ersetzen.
- Alle Beerenarten sind denkbar, vor allem aber auch frische oder gekochte Äpfel oder ½ Zitrone.

## HINWEISE

Rucola ist in den letzten Jahren immer beliebter geworden, die Bitterstoffe sind verdauungsanregend und für Magen und Darm gleichermaßen gesund. Sein einziger Nachteil: Er welkt ziemlich rasch und muss absolut frisch sein.

Rucola ist eigentlich die Garten-Senfrauke (*Eruca sativa*), die als kleine Pflanze mit dem giftigen Jakobs-Kreuzkraut verwechselt werden kann, das ist selbst bei Marktware bereits vorgekommen. Einige Rucola-Angebote bestehen aus *Diplotaxis tenuifolia*, das ist der schmalblättrige Doppelsame, der bei uns häufig vorkommt.

## TIPP

Kapuzinerkresse enthält ein natürliches Antibiotikum in ziemlich hoher Dosis. Allerdings zerstört dieser Stoff die Darmflora keineswegs – im Gegenteil. Das natürliche Penicillin wird beim Verzehr aus den ätherischen Ölen freigesetzt und entfaltet seine positiven Eigenschaften bei der Regeneration der Magen- und Darmschleimhäute, aber auch bei Infektionen der Atemwege und als Kräftigung für ältere Menschen.

Die Pflanze blüht bis weit in den Oktober und kann ohne weiteres am Balkon kultiviert werden.

### Gut für Sie:

reichlich Vitamin C | viele Karotinoide | ätherische Senföle | Kalium | Kalzium | Phosphor und Eisen | außerdem so viel Jod, dass man bei Schilddrüsenproblemen auf größere Mengen Rucola verzichten soll

REZEPT
FÜR 1 BIS 2
PERSONEN

# Salat-Nektarinen-Smoothie mit Seifenkraut

## ZUTATEN UND ZUBEREITUNG

| 1 Kopf Salat so vorbereiten, als würde man einen Salat zubereiten, die Blätter aber in den Mixer schlichten. | 1 Nektarine waschen, entsteinen und in kleine Stückchen teilen, dazu geben. | 1 Tasse Wasser ins Gefäß füllen. | Etwa 10 Seifenkrautblüten vorbereiten. | Zuerst auf kleiner Stufe, dann auf der höchsten Stufe mixen.

Wasser zum Verdünnen nach eigenem Geschmack und Bedarf einrühren.

## VARIATIONEN

- Statt Seifenkrautblüten Gänseblümchen oder Wegwarteblüten verwenden, bei letzteren ist das Geschmacksempfinden ziemlich bitter aber passend.
- Nektarine durch Pfirsich oder Aprikosen ersetzen, der Geschmack wird beim Pfirsich noch milder, bei der Aprikose säuerlich.
- Soll der Salatgeschmack dominieren, so kann man ½ Hand voll Wildsalat (Gundelrebe, Brennnessel, Löwenzahnblätter) beifügen. Für die Gesundheit der absolute Hit. Möglich wären auch Gewürze wie Thymian, Majoran u. ä. in kleiner Menge.
- Wem es nichts ausmacht, wenn das Smoothie fast dunkelbraun wird, ergänzt den Salat mit Beeren aller Art, auch Himbeeren, Stachelbeeren oder Brombeeren.

## TIPP

Kopfsalat gehört zu den beliebtesten Salatsorten, obwohl Kräuterspezialisten mit einem Augenzwinkern behaupten, das heute übliche „Häuptl" wäre nur als „Schlafmittel" und „Nervenberuhiger" zu gebrauchen. Wichtig ist, er muss absolut frisch sein, das erkennt man an seiner Schnittstelle. Ist sie dunkel verfärbt, sind kaum noch Vitamine enthalten.

### *Gut für Sie:*

Salat hat von allem etwas, und davon nicht viel, deshalb ist er besonders für die Krankenernährung geeignet. Die äußeren grünen Blätter sind an Vitalstoffen reicher als die gelben Innenblätter, haben aber auch hohe Nitratspeicherfähigkeit, die dem mit Nitrat ohnehin schon überfrachteten Menschen besonders im Winter zu schaffen machen.

REZEPT
FÜR 1 BIS 2
PERSONEN

# Salat-Smoothie mit Himbeeren

## ZUTATEN UND ZUBEREITUNG

| 1 Kopf Salat (= ca. 150 g) zerteilen, die einzelnen Blätter waschen und in den Mixer geben. | Ein wenig Wasser zufügen. | 1 Becher (125 g) gewaschene Himbeeren hinzu leeren. | Zuerst auf kleiner Stufe, dann auf der höchsten Stufe in etwa 2 Minuten fein mixen. | Wenn Wasser fehlt, den Mixer ausschalten, noch ein wenig Wasser einfüllen und weiter zerkleinern. | Wasser zum Verdünnen nach eigenem Geschmack und Bedarf einrühren.

## VARIATIONEN

- ½ Banane (schmeckt mild, wird von Kindern geliebt) und/oder 1 Birne (schmeckt sämig) und/oder Beeren (nach Saison – schmeckt süßlich).
- 1 Hand voll junge Löwenzahnblätter (schmeckt etwas bitter) und/oder 1 Hand voll Gänseblümchen (wird etwas bitter).
- Ein paar Petersilienstängel, Wildpflanzen oder Kräuterpflanzen der Saison (schmeckt nach den Kräutern).

## HINWEISE

Vom Salat gibt es über 100 verschiedene Sorten. Er enthält sehr viel Wasser und ist deshalb besonders kalorienarm. Je intensiver die grünen Blätter leuchten, desto bester ist es. Salate aus dem Biolandbau und aus dem eigenen Garten sind zu bevorzugen. Bei gekauften Produkten weiß man nicht, wann sie geerntet wurden, im eigenen Garten allerdings kann man sich die Erntezeit aussuchen. Hier gilt: Nie vor 10 bis 11 Uhr am Vormittag ernten, erst dann hat die Pflanze ihre ganze Kraft und hat die Nitrate der Nacht wieder abgebaut.

Kopfsalat zählt in der traditionellen Naturheilkunde zu den natürlichen Schlafbringern. Der darin enthaltene Milchsaft löst Verspannungen und ist beruhigend.

## TIPP

Pürierte Salatblätter mit Wasser und erwärmt, schmecken auch gut als Suppe. Dann mit reichlich Kräutern würzen und natürlich salzen.

### Gut für Sie:

Karotinoide: 1,58 mg | Vitamin C: 26 mg | Vitamin B1: 0,12 mg | Vitamin B2: 0,16 mg | Vitamin B6: 0,12 mg | Niacin: 0,60 mg | Vitamin E: 0,90 mg | Kalium: 450 mg | Kalzium: 70 mg | Natrium: 20 mg | Phosphor: 70 mg | Magnesium: 22 mg | Eisen: 2 mg | Zink: 0,5 mg | Kupfer: 0,12 mg | Mangan: 0,70 mg | Folsäure: 0,08 mg

REZEPT
FÜR 2 BIS 3
PERSONEN

# Sauerkraut-Smoothie

## ZUTATEN UND ZUBEREITUNG

| 250 g mildes Sauerkraut in den Mixer füllen. Nicht waschen, denn dabei gehen Mineralstoffe und Vitamine verloren. | 2 Äpfel waschen, mitsamt dem Kerngehäuse in grobe Schnitze teilen und dazu geben. | Einige Weintrauben und 1 TL kalt gepresstes Nussöl hinzufügen, alle Sorten schmecken gut. | Zuerst auf kleiner Stufe, dann auf der höchsten Stufe mixen. | Wasser zum Verdünnen nach eigenem Geschmack und Bedarf einrühren.

## VARIATIONEN

- Einge Haselnüsse, Walnüsse oder Madeln mitmixen.
- Zum Apfel auch noch 1 Banane geben.
- ½ Bioorange mitsamt der Schale beimengen.
- Äpfel durch Birnen ersetzen.
- Äpfel durch ½ geschälte Ananas ersetzen oder beides verwenden. Hervorragend schmecken auch gut gewaschene, frische Feigen.

## HINWEISE

Sauerkraut ist das durch natürliche Milchsäure-Gärung konservierte Weißkraut (Weißkohl). Frisches Sauerkraut sollte nach dem Kauf sofort verwendet werden. Das sauer vergorene Kraut regeneriert den Darm und ist das klassische Naturmittel zur Entgiftung und Reinigung der Verdauungswege. Die Milchsäure tötet schädliche Bakterien, Pfarrer Kneipp nannte das Sauerkraut den Besen für Magen, Nerven und Blut.

## TIPP

Sauerkraut beim Biohändler oder Bauern direkt aus dem Fass kaufen, es soll zart hellgelb bis beige aussehen. In Dosenware gibt es keine wertvollen Mikroorganismen mehr, sie wurden durch Sterilisation zerstört.

## Gut für Sie:

| Vitamin C-Quelle vom Feinsten | enthält 2 % Eiweiß | viel blutbildende Folsäure | Vitamin $B_{12}$: ist normalerweise in Gemüse kaum enthalten | weitere B-Vitamine | viele sekundäre Pflanzenstoffe, die den Heilwert des Kohls ausmachen | viel Blutgerinnungsvitamin K | viel Eisen, Jod und Mangan

REZEPT
FÜR 1 BIS 2
PERSONEN

# Schafgarbe-Brombeer Smoothie

## ZUTATEN UND ZUBEREITUNG

| Von 2 Schafgarbenstängeln die Blüten und Blätter abstreifen und in den Mixer füllen. | 2 Hand voll Brombeeren dazu geben. | Mit 150 ml Wasser aufgießen. | Zuerst auf kleiner Stufe, dann auf der höchsten Stufe mixen. |

Wasser zum Verdünnen nach eigenem Geschmack und Bedarf einrühren.

## VARIATIONEN

- Statt Schafgarbe Basilikum oder Petersilie nehmen, gerne auch Himbeer- oder Brombeerblätter. Ist Schafgarbe erwünscht und stehen keine frischen Blättchen und Blüten zur Verfügung, nimmt man Schafgarbenpulver.
- Ohne weiteres auch gefrostete, etwas angetaute Beeren verwenden.
- ½ Bio-Orange oder ½ Bio-Zitrone mitmixen, natürlich mit Schalen und Kernen.
- Mit Birkenzucker würzen oder mit Gewürzen wie Kurkuma und Galgant „süß-sauer" anrichten.

## HINWEISE

Die Brombeere ist eines der ältesten Heilmittel der Menschheit, in vielen Ländern ist sie noch immer offizielle Heilpflanze. Man sollte sie so oft wie möglich essen. Die besten Früchte wachsen im eigenen Land, die meisten Importe sind mit Giften behandelt. Einfrieren und Einkochen lohnen sich!

## TIPP

Wer Wildkräuter und Wildbeeren sammelt, tut das natürlich abseits der befahrenen Straßen und dort, wo die Wegränder frei von Pestiziden und Dünger sind. Genau dort wachsen die meisten Wildpflanzen auch am liebsten und haben den höchsten Wirkstoffgehalt.

Die Bitterstoffe der Wildpflanzen bringen die inneren Säfte zum Fließen, das wussten unsere Vorfahren genau und holten sich deshalb Heilung aus der Nahrung.

Mandelmilch unterstreicht das Aroma und neutralisiert bittere Stoffe. Darauf muss man besonders bei Kindern achten.

### Gut für Sie:

Überdurchschnittlicher Kalziumgehalt, der Knochen festigt und stabilsierend bei hohem Blutdruck wirkt | Vitamin C: extrem viel | extrem viel krebshemmende Ellagsäure | Phenolsäuren | Flavonoide | Pektine | viel Magnesium | viel Kalium | viel Eisen

REZEPT
FÜR 2 BIS 3
PERSONEN

# Schafgarbe-Kräuter-Smoothie

## ZUTATEN UND ZUBEREITUNG

| Zarte, junge Blättchen und Blüten von mehreren Schafgarbenstängeln (je nach Größe 5 bis 10) nach Bedarf waschen und in den Mixer geben. | Einige Erdbeerblätter und 100 g Erdbeeren hinzufügen. | 1 Blüte der Goldrute zerpflücken, ebenfalls einfüllen. | 1 kleine Banane schälen, in Teile brechen, in den Mixbehälter geben und mit mindestens 100 g Wasser aufgießen. | Zuerst auf kleiner Stufe, dann auf der höchsten Stufe mixen.

Wasser zum Verdünnen nach eigenem Geschmack und Bedarf einrühren.

## VARIATIONEN

- Statt Goldrute Gänseblümchen-Blüten und -Blätter nehmen.
- Wenn die Erdbeersaison aus ist, könnte man auch Steinobst verwenden, Nektarinen, Pfirsiche, Zwetschken, Pflaumen oder Mirabellen.
- Im Winter gedünstete Äpfel verwenden und Schafgarbenpulver (aus getrocknetem Kraut) einstreuen.
- Die Banane übertönt das Bittere des Schafgarbenkrautes, was besonders für Kinder von Vorteil ist. Wer die Bitterkeit schätzt, lässt sie weg.

## HINWEISE

Schafgarbe wächst nur dort, wo es ihr selbst passt. Sie kann nicht kultiviert werden, wie es z. B. bei der Kamille der Fall ist.

## TIPP

Die Schafgarbe ist zwar das klassische Frauenkraut, tut aber auch älteren Kindern und Männern gut. Sie ist gefäßstärkend, krampflösend und ein Helfer bei zu hohem Blutdruck und Beschwerden im Magen- und Darmbereich. In der Naturmedizin spielt sie eine entscheidende Rolle bei allen Frauenleiden. In der Ernährung sind vor allem ihre Bitterstoffe begehrt. Die jungen Blättchen sind nicht nur Smoothie-, sondern auch Salatzutat. Allerdings muss man sich *Achillea millefolium* suchen, die großblütigen Zuchtformen des Gartens sind nicht essbar.

### Gut für Sie:

fast alle Vitamine | Gerbstoffe | Inulin | Spurenelemente | Flavonoide | ätherische Öle | das bitter schmeckende Achillein und einige antibiotisch wirkende Substanzen | außerdem Eiweiß

REZEPT
FÜR 1 BIS 2
PERSONEN

# Schnittsalat-Smoothie mit Lavendelblüten

## ZUTATEN UND ZUBEREITUNG

| 100 bis 120 g beliebigen Schnittsalat gründlich waschen, in den Mixer geben. | 1 geschälte Banane in Teile brechen, hinzufügen und mit 1 Tasse Wasser aufgießen. | Zuerst auf kleiner Stufe, dann auf der höchsten Stufe etwa 2 Minuten mixen. Wenn Salatblätter nicht vom Messer erfasst werden, den Mixer zwischendurch ausschalten und den Salat mit einem Löffel oder Stäbchen nach unten schieben. | Zuletzt ½ Hand voll Lavendelblüten dazu, das Gerät nochmals kurz einschalten. | Wasser zum Verdünnen nach eigenem Geschmack und Bedarf einrühren und zur Dekoration einige Lavendelblüten ins Glas streuen.

## VARIATIONEN

- Thymianblüten, Basilikumblüten und 1 bis 2 Basilikumblätter, einige Rosmarinnadeln oder auch 1 Zweiglein Bohnenkraut ersetzen den Lavendel und sind willkommene Würze.
- Wer ausschließlich den Salatgeschmack haben will, lässt die Banane überhaupt weg oder ersetzt durch einige Gurkenscheiben, eventuell Paprika oder wenn es scharf sein soll, durch 1 Pfefferoni (ohne Kerne und Innenhäute).

## HINWEISE

Wintersalat hat in der Regel höhere Nitratwerte als Freilandsalat des Sommers.

## TIPP

Manche Schnittsalate sind rot oder braunrot gefärbt. Die Farbe ist auf Anthocyane zurückzuführen, die in den grünen Salaten in geringerer Menge vorkommen. Es sind sekundäre Pflanzenstoffe mit Schutzwirkung für unseren Organismus. Je dunkler die Blätter, desto mehr Vitamine und Mineralstoffe enthalten sie auch.

Bananen kommen vor dem Versand in ein Tauchbad gegen Pilzbefall und Kleintiere, deshalb die Schale auf keinen Fall verwenden. Nur wenn Bananen ganz reif sind, ist der Geschmack optimal.

### Gut für Sie:

Salate sind gute Kalium- und Folsäurelieferanten | Banane und Salat ergänzen sich wunderbar und decken einen Großteil des Tagesbedarfs

REZEPT
FÜR 1 BIS 3
PERSONEN

# Spinat-Smoothie

## ZUBEREITUNG:

| 150 g frischen Spinat gut waschen oder kurz wässern (besonders im Winter, wegen der Nitrate) – in den Mixer geben. | Etwas Wasser zufügen. | 1 kleine Banane schälen, in ein paar Teile teilen und ebenfalls in den Mixer füllen. | Zuerst auf kleiner Stufe, dann auf der höchsten Stufe mixen. | 1 TL Öl und etwas Wasser zum Verdünnen nach eigenem Geschmack und Bedarf einrühren.

## VARIATIONEN:

- Statt Wasser Orangensaft (schmeckt säuerlich)
- 4 EL Hafer Cuisine
- etwas Mandelmilch (schmeckt mild und neutral, besonders beliebt bei Kindern!)
- ½ Papaya statt der Banane (schmeckt süßlich)
- 1 Kiwi (schmeckt mild, säuerlich)
- junge Brennnesselblätter (schmeckt herb-süßlich)
- Löwenzahnblätter (schmeckt etwas bitter)
- Blättchen von Kräuterpflanzen der Saison (schmeckt etwas bitter)

## HINWEISE:

Durch die eventuell enthaltene Oxalsäure für Kleinkinder nur in geringen Mengen zu empfehlen. Die Kalziumaufnahme wird durch Oxalsäure gehemmt.

Menschen mit der Neigung zu Nierensteinen sollten gleichzeitig Vitamin-C-haltige Früchte, z. B. Kiwi, Zitrusfrüchte zu sich nehmen. Spinat soll generell nicht aufgehoben werden sondern immer frisch zubereitet sein, also sofort trinken!

## TIPP

Für die Rohanwendung nur Ware aus biologischem Anbau verwenden.

Freilandspinat bevorzugen, er wächst bereits sehr früh und ist bis zum Oktober/November erhältlich. Wer sich etwas Gutes tun will, ersetzt einen Teil des Spinats durch frische Meldenblätter, Blätter des „Guten Heinrichs" oder Erdbeerspinat.

Immer etwas Öl dazugeben, dann wird weniger schnell verdaut und die Mineralstoffe können in Ruhe durch die Darmschleimhaut aufgenommen werden.

### Gut für Sie:

Das Beta-Karotin dieser Menge reicht für einen Tag | Vitamin C ebenfalls eine Tagesration | Vitamin E: ¼ der Tagesration | Vitamin $B_2$: 1/3 der Tagesration | Für viele Tage Vitamin K | viel Biotin, Vitamin $B_6$ und Vitamin $B_1$ | hoch konzentriertes Eisen (½ Tagesbedarf) | Mangan | Kalium | Magnesium und Kalzium | viel Selen, je nach Anbaugebiet | Folsäure: Tagesbedarf

REZEPT
FÜR 1 BIS 3
PERSONEN

# Sprossen-Smoothie

## ZUTATEN UND ZUBEREITUNG

| Beliebige Sprossen (eine Packung), zum Beispiel Radieschensprossen, abschneiden und das Grün in den Mixer geben. | 5 bis 10 zarte Weidenröschen mitsamt Blüten gründlich waschen, ebenfalls in das Mixgerät füllen. | 1 Banane schälen, in Teile teilen und zufügen. | Mit etwas Wasser versehen, es sind fast 200 ml nötig. | Zuerst auf kleiner Stufe, dann auf der höchsten Stufe mixen. | Wasser zum Verdünnen nach eigenem Geschmack und Bedarf einrühren.

## VARIATIONEN

- Im Frühling nimmt man anstatt Weidenröschen Veilchenblüten oder -blätter, auch Schlüsselblumenblätter, später jungen Löwenzahn oder anderes Wildgemüse, es sollen keine großen Mengen sein!
- Banane macht jedes scharfe Smoothie milder im Geschmack. Wer darauf verzichten will, nimmt Obst der Saison.
- Sprossen und Wildgemüse lassen sich hervorragend mit Gemüse kombinieren z. B. mit gelben oder grünen Zucchini, Tomaten, Gurken, Blumenkohl oder Brokkoli.

## HINWEISE

Es gibt bei uns etwa 15 Weidenröschen-Arten, manche davon sind aus anderen Erdteilen eingewandert und haben sich mit heimischen Arten vermischt. Das heilkräftige ist das kleinblütige Weidenröschen.

## TIPP

Junge Triebe des Weidenröschen schmecken fast genauso wie Vogerl- oder Feldsalat. Die Pflanze ist einjährig und sät sich immer wieder aus, sie blüht bis in den September hinein. Wer Prostata und Blase pflegen will, dem tut dieses Kraut gut. Kürbiskerne kauen oder gleich mitmixen unterstützt die wohltuende Wirkung. Nach Beigabe von Kürbiskernen das Smoothie sofort trinken, Samen machen es nach kurzer Stehzeit dickflüssig und man kann es dann auch nur schwer wieder aufrühren.

### Gut für Sie:

reichlich Selen, allerdings nur dann, wenn die Radieschensamen von Pflanzen stammen, die auf selenhaltigem Boden gewachsen sind | viel Vitamin C | ätherische Öle, die die Produktion des Gallensaftes fördern und damit den Stoffwechsel unterstützen

REZEPT
FÜR 1 BIS 2
PERSONEN

# Süßdolden-Smoothie mit Beeren

## ZUTATEN UND ZUBEREITUNG

| 5 bis 10 junge Süßdoldenblätter waschen, die Stiele etwas zerkleinern und in den Mixer füllen. | 200 g verlesene und gewaschene Stachelbeeren dazugeben. | Zuerst auf kleiner Stufe, dann auf der höchsten Stufe mixen. | Beeren enthalten meistens genug Wasser, deshalb ist Verdünnen kaum nötig.

## VARIATIONEN

- Alle Beerenarten, die während des Sommers greifbar sind, bieten sich an. Erdbeeren, Heidelbeeren, Brombeeren, Himbeeren, Johannisbeeren, Jostabeeren, Apfelbeeren, auch die bei uns eingebürgerten Minikiwis.
- Rosenblüten-Blätter sind eine gute Ergänzung, auch junge Erdbeer-, Himbeer- oder Brombeerblätter. Besonders köstlich schmecken die Blütenstände der schwarzen Johannisbeere (auch junge Blätter).
- Wer keine Süßdolde zur Hand hat, kann stattdessen 1 Hand voll Aniskraut oder Kerbelkraut verwenden.

## HINWEISE

Süßdolde gilt als Blutreinigungsmittel, in der Homöopathie als ein Venenputzer bei Krampfadern. Die Pflanze ist ein Blickfang im Kräutergarten. Ursprünglich aus der Levante stammend, überwintert die Süßdolde problemlos im Freiland.

## TIPP

Ein Mix, ausschließlich aus Süßdoldenblättern, ist durch das ausgeprägte Anisaroma eine interessante Bereicherung jeder Obstspeise und jedes Obstsalates. Man erspart sich eine Menge Zucker, weil die Süßdolde dem Gaumen „Zucker" vorgaukelt. Der milde Anisgeschmack ist anfangs nicht jedermanns Sache, von vielen wird gerade dieser Sinneseindruck als lecker empfunden. Besonders intensiv vermitteln diesen Eindruck die noch unreifen, weichen Samen. Man nennt die Süßdolde auch „Spanischer Kerbel".

### *Gut für Sie:*

viele ätherische Öle | z. B. Anethol und Limonen | Flavonoide und Vitamine | Anethol ist ein Krampflöser und wirkt antibiotisch

REZEPT
FÜR 1 BIS 2
PERSONEN

# Tomaten-Basilikum Smoothie

## ZUTATEN UND ZUBEREITUNG

| 2 bis 3 große, frische (Bio) Tomaten gründlich waschen, etwaige grüne Stellen großzügig herausschneiden. | In Teile teilen und mitsamt dem ausgelaufenen Saft in den Mixer füllen. | 3 Stängel Basilikum dazu geben. | Einige Petersilienstängel hinzu fügen. | 1 TL Olivenöl, 1 TL Zucker und 2 Scheiben frische Bio-Zitrone in den Mixbehälter geben. | Eventuell mit etwas Wasser verdünnen. | Auf höchster Stufe mixen.

## VARIANTEN

- Statt Petersilie 1 bis 2 geschälte Knoblauchzehen nehmen.
- Statt Basilikum und Petersilie 1 in Stücke geschnittenen Apfel oder Apfelmus zufügen.
- Mit Staudensellerie oder 1 Scheibe Knollensellerie mixen.
- Kokoswasser zum Verdünnen nehmen.
- 1 ganze Orange oder 1 süße Zitrone dazu geben, bzw. mit dem Saft verdünnen.
- Würzen mit etwas Bohnenkraut und 1 Prise Thymian.

## HINWEISE

Lagert man Tomaten im selben Fach oder auch nur in der Nähe von Zitrusfrüchten oder Äpfeln verderben sie schneller, trotzdem verstehen sich die Früchte richtig gut, wenn sie in einer Speise miteinander auftreten dürfen.

## TIPP

Tomaten sind ein Hausmittel für all jene, die Wasser ausscheiden müssen oder eine Möglichkeit der Entgiftung suchen. Tomaten wirken abführend und harntreibend, außerdem senken sie das „schlechte" Cholesterin. Ein Karotinoid, das Lycopin, jener Pflanzenteil, der die Tomaten so schön rot macht, ist als Krebskiller bekannt geworden. Besonders vor Prostata-Krebs soll dieser Stoff schützen. Lycopin ist auch in bereits gekochten Tomaten ausreichend vorhanden, nicht aber in Früchten, die unreif geerntet wurden – am Strauch ausgereifte enthalten Lycopin in großer Menge.

### *Gut für Sie:*

Die Tagesmenge Lycopin mit ¼ Tagesmenge Vitamin A | Tagesmenge $B_3$ | dazu alle B-Vitamine | Tagesmenge Vitamin C | etwas Vitamin E viel Magnesium | viele essenziellen Aminosäuren | ausreichend Zink | Mangan | Kupfer | und weitere wichtige sekundäre Pflanzenstoffe

REZEPT
FÜR 1 BIS 3
PERSONEN

# Vogelmieren-Smoothie

## ZUTATEN UND ZUBEREITUNG

| 1 Hand voll junges Vogelmierenkraut mitsamt den Blüten gut waschen und etwas zerkleinert in den Mixer geben. | 1 Banane und 1 Becher dunkle Beeren hinzufügen. | Je nach Jahreszeit beliebige essbare Blüten zufügen, z. B. einige Ringelblumen-Blütenblätter. | Etwas Wasser dazu gießen. | Zuerst auf kleiner Stufe, dann auf der höchsten Stufe mixen. | Wasser zum Verdünnen nach eigenem Geschmack und Bedarf einrühren.

## VARIATIONEN

- Statt Ringelblumen Tagetes oder Nelken verwenden, auch Rosen oder Lilien.
- Beeren können ohne weiteres aus dem Tiefkühler stammen, müssen aber angetaut sein.
- Wer keine Vogelmiere findet, nimmt Löwenzahn (gibt es auch im Winter am Markt) oder selbst gezogene Kresse-Sprossen.
- Anstatt Vogelmiere auch Brennnessel oder Spitzwegerich verwenden. Die Banane ist notwendig, denn sie mildert den herben Geschmack.

## HINWEISE

Vogelmiere wächst während des ganzen Jahres, auch unter Schnee. Sie ist somit ein immer verfügbares Wildgemüse, auf das niemand verzichten muss. Das Kraut ist überall zu finden, wo freie Flächen zu bedecken sind, auch im Wald sucht man nicht vergebens.

## TIPP

Der Frischsaft der Pflanze wird in der Erfahrungsheilkunde bei Entzündungen der Haut gegeben. Besonders dann, wenn die Haut juckt oder brennt. Die Leberstärkung durch Vogelmiere ist sprichwörtlich, Haut und Leber hängen eng zusammen.

Vogelmiere hat einen hohen Chlorophyllgehalt und gehört zu jenen mineralstoffreichen und Vitamin-C-haltigen Wildpflanzen, die blutreinigend und aufbauend eine Kur unterstützen können. Sie schmeckt köstlich mit Tomaten, mit Löwenzahn, Brunnenkresse oder anderen grünen Salaten.

### Gut für Sie:

reichlich Betakarotine | reichlich Vitamin C | Saponine, die unser Abwehrsystem unterstützen | Mineralstoffe, vor allem Kalium | Gerbstoffe | Schleimstoffe | viel Chlorophyll

REZEPT
FÜR 2 BIS 3
PERSONEN

# Zucchini-Mais-Smoothie

## ZUTATEN UND ZUBEREITUNG

| 3 bis 4 sehr junge Zucchini (200 g) waschen und grob zerkleinert in den Mixer füllen. | 1 noch sehr kleinen Maiskolben (oder mehrere Minis) von den Häuten und Fäden befreien, ebenfalls in Teile schneiden und dazu geben. | 100 ml Wasser zufügen. | Als Gewürz 1 frisches Borretschblatt, einige Rosmarinnadeln oder die Blättchen von 1 Zweig Thymian nehmen. | Zuerst auf kleiner Stufe, dann auf der höchsten Stufe mixen. | Wasser zum Verdünnen nach eigenem Geschmack und Bedarf einrühren.

## VARIATIONEN

- ½ Zitrone und etwas frischer Zitronenthymian erhält die frische Farbe und macht den Gemüsedrink pikant.
- Zucchiniblüten sind nicht nur eine hübsche Dekoration sondern auch delikat im Geschmack, mitgemixt unterstreichen sie das Nussaroma.

## HINWEISE

Zu alter Mais mit bereits ausgereiften (harten) Körnern kann nur mehr gekocht beigefügt werden. Ist der Mais gerade in einem Zwischenstadium, aber schon zu groß, müssen Sie die Körner abrebeln, der innere Teil ist dann nicht mehr genießbar.

Zucchini und Mais ergänzen sich ideal, denn der Mais hilft dabei, aus dem Vitamin $B_1$ (Thiamin) jene Enzyme und Zuckermoleküle zu bilden, die unser Gehirn als Energiequelle akzeptiert.

## TIPP

In der Schale der Zucchini stecken die leicht nussigen Geschmacksstoffe, immer also auch die Schale verwenden! Große Zucchini schmecken nicht mehr besonders, können aber natürlich auch noch verarbeitet werden.

Zucchini enthalten besonders viel des Nerven-Vitamins $B_1$, das durch Kochen und Einfrieren zerstört wird, es ist sowohl hitze- als auch kälteempfindlich. Deshalb ist ein Zucchinidrink der absolute Gesundheitshit.

Wer viel Kaffee trinkt und ständig unter „Strom" steht, sollte häufig Zucchini essen, denn er braucht besonders viel Balsam für die Nerven und auch viel Vitamin C, beides bietet das grüne Früchtchen.

### *Gut für Sie:*

Vitamin C für einen halben Tag | reichlich Vitamin $B_1$ für den ganzen Tag | weitere B-Vitamine | Cholin | Mangan | viel Eisen | Schleimstoffe | Bitterstoffe

REZEPT
FÜR 2 BIS 3
PERSONEN

# Zwetschken-Smoothie

## ZUTATEN UND ZUBEREITUNG

| 2 Hand voll oder etwa 150 g Zwetschken unter fließendem Wasser waschen und anschließend entkernen. | Sehr feste Früchte, wie man sie für Obstknödel liebt, sind häufig noch zu unreif. Die Kerne auf den Kompost, die Steinfrüchte in den Mixer geben und mit einer Tasse Wasser oder Apfelsaft aufgießen. | Die Blüten eines langen Triebes der Goldrute von oben bis unten abknipsen oder zwei Triebspitzen mitsamt den kleinen gelben Blüten nehmen und zu den Zwetschken geben. | Meist befinden sich gleichzeitig frische und bereits samenbildende Blüten auf den Goldruten-Zweigen, häufig auch noch Knospen. Nehmen Sie nur Knospen und junge Blüten. | Im Schnellgang mixen, das dauert zwischen 1 bis 2 Minuten, je nach Gerät. | Mit vollreifen Zwetschken ist dies ein süßes Smoothies mit leicht bitterem Nachgeschmack, der wohltuend und lange am Gaumen haftet.

## VARIATIONEN

- Im Spätsommer und Frühherbst sind bereits einige Wildfrucht-Arten reif, zum Beispiel Sanddorn oder Holunder. Sanddornbeeren schmecken säuerlich und bereits 2 Beeren decken den Tagesbedarf eines Erwachsenen an Vitamin C. Sanddorn kann roh verwendet werden.
- Holunderbeeren schmecken herb und sollten nur gekocht in den Mixer, sonst riskiert man Bauchschmerzen und Erbrechen, sie sind roh leicht giftig. Beide Wildfrüchte ergänzen Zwetschken optimal.
- Die Goldrute ist das nierenstärkende Kraut schlechthin, es ist nicht leicht, ihre Wirkung zu ersetzen. Ähnliche Effekte erreicht man aber zum Beispiel mit Alantblüten, der Triebspitze eines Stämmchens Estragon, 3 bis 4 Blättern der Himbeere oder mit 2 bis 3 Blüten und Stängeln vom Löwenzahn.

## HINWEISE

Gojibeere (Bocksdorn), Weißdorn, Mehlbeeren oder Hagebutten sind wegen ihrer Kerne weniger für Smoothies geeignet, sie werden getrocknet oder zu Marmelade verarbeitet. Vogelbeeren (Eberesche) eignen sich für ein Smoothie nur dann, wenn sie vorher gründlich durchgekocht sind und außerdem mit Honig versetzt. Roh sind sie viel zu herb und selbst in moderater Menge wenig magenfreundlich, die meisten Menschen reagieren mit Verdauungsproblemen. Bei allen Smoothies mit Eberesche oder verwandten Arten wie Elsbeere sollte man höchstens 2 bis 3 frische Beeren beifügen, niemals eine ganze Dolde.

### Gut für Sie:

Ca. ½ Tagesbedarf an Vitamin A | 1/10 des Tagesbedarfs an Vitamin E | Niacin | B-Vitamine und etwas Magnesium und Eisen | 150 g haben etwa 70 Kalorien

# Wer kann was?
# Vitalstoffe aus Früchten, Salaten und rohem Gemüse von A-Z

Gemüse und Obst stärken Nerven, Muskeln und den Geist. Gemüse und Obst bringen Farbe ins Leben und Gesundheit in den Körper. Große innere Werte hat eigentlich alles, was auf unseren Feldern, Wiesen und in den Gärten kultiviert wird. Je naturnäher der Anbau erfolgte, desto besser bekömmlich sind die rohen Zutaten. Logisch! Im Kochwasser verschwinden ja nicht nur wichtige Mikronährstoffe, auch Pestizid & Co schwemmen sich aus. Das fällt beim Rohgenuss weg. Alles was drinnen ist, haben auch wir intus ...

Bei einem Smoothie nimmt man häufig ALLE Teile. Auch die Schale, in der sich Rückstände anreichern und die man normalerweise entfernt. Auch die Blätter einer Wurzel, die normalerweise gar nicht in den Handel kommen und wo vielleicht noch Reste der letzten Spritzaktion nachweisbar sind. Deshalb sind bewusste Auswahl und Kontrolle, woher das Produkt stammt, notwendig. Lebensmittel vom Nahversorger, den Sie persönlich kennen, oder aus biologischem Anbau sind immer eine gute Wahl, auch wenn sie vielleicht etwas teurer sind.

Bevorzugen Sie Früchte, Salate und Gemüse, die im Moment Saison haben und in der Umgebung wachsen. Sie finden eine Übersicht im Anhang. Wer sich um seinen Körper kümmert, der ein lebendiges Stück Natur ist, dem sollte auch unsere Mutter, die Erde, wichtig sein. Die Mango aus Übersee, die im Flugzeug herbei geschafft wird, muss die „Ausnahme" von der Regel sein! Erdbeeren zu Weihnachten verschlechtern die Umweltbilanz ebenfalls und zeigen nur, dass wir hervorragende Überlandlaster und super Straßen haben, wo man schnell Tausende Kilometer zurücklegen kann.
Päpstlicher wie der Papst braucht man aber auch nicht sein! Wer Lust auf eine süße Ananas hat, der soll sie sich gönnen. Wem das Wasser im Mund zusammenläuft, wenn er an eine vollreife Papaya denkt, der braucht sie wahrscheinlich. Morgen locken der rotbackige Apfel oder ein schönes Brokkoliröschen – und schmecken genauso gut.

Vielfalt ist das Gebot der Stunde! Mischen Sie lustig darauf los und kombinieren Sie, wonach Ihnen der Sinn steht. Weißes Kraut mit roten Trauben, blaue Heidelbeeren mit grünem Feldsalat, gelbe Zitronen mit Kirschen, Wildkräutern oder den ersten Erdbeerblättern.

Rohe, nicht erhitzte Gemüse- und Obstsorten sind prinzipiell leichter verdaulich, weil sie um ein Vielfaches mehr Vitalstoffe enthalten. Wie gut verdaulich der Frischekick sich für Sie gestaltet hängt allerdings davon ab, wie gut Ihr Organismus die enthaltenen Stoffe aufnehmen kann. Verdauungsprozesse laufen nur dann optimal ab, wenn alle dazu nötigen Vitalstoffe zu Verfügung stehen. Wer schon eine Weile ein wenig schlampig in der Planung der „gesunden" Nahrung war, muss seine Depots vorerst wieder auffüllen.

# Wertvolle Gemüse- und Obstsorten

## ANANAS

Ein fruchtiger Alleskönner, der die Durchblutung fördert und sogar Altersflecken zum Verschwinden bringt. Hauptwirkstoffe sind eine breite Palette von Vitaminen und das Enzym Bromelain, das Eiweiß spaltet und Entzündungen hemmt. Ananas passt zu allen Kohlsorten und zu Salaten.

## APFEL

Die enthaltenen Pektine und Bioflavonoide geben den zerstörerischen freien Radikalen keine Chance. Täglich 1 frischer Apfel hält gesund, das wussten bereits die Alten und haben darüber eine Vielzahl Sprüche hinterlassen. Äpfel entgiften und binden Schwermetalle, sie regen den Stoffwechsel an und stärken das Immunsystem.

## APRIKOSE (MARILLE)

Die Zeit der Aprikosenernte ist kurz. Was nicht zu Aprikosenmarmelade wird, kann über 4 bis 6 Wochen hinweg täglich im Smoothie-Mixer landen. Zumindest 1 bis 2 Früchte könnten bei jeder Kombination dabei sein. Aprikosen sind beste Eisenlieferanten, reich an Karotin, Vitamin $B_3$, $B_5$ und Folsäure.

## ARTISCHOCKE

In manchen südlichen Ländern stehen Artischocken so oft auf dem Tisch, dass sie beinahe als Universalgericht gelten. Die „kultivierte" Distel unterstützt Leber und Galle, senkt den Gehalt an schädlichem Cholesterin im Blut und gehört zu den Spitzenreitern der Folsäure- und Zink-Versorgung. Für Diabetiker und zur Unterstützung der Leber sind Artischocken Pflichtnahrung. Man kann sie ohne weiteres roh verwenden. Die Prozedur der Vorbereitung bleibt trotzdem nicht erspart, denn essbar und damit als Smoothie zu verarbeiten sind ausschließlich die unteren Blattteile und der Artischockenboden. Brechen Sie den Stiel über einer Tischkante ab. Beim Abschneiden des Stiels bleiben die harten, ungenießbaren Teile erhalten, beim Abbrechen lösen sie sich vom Boden. Nur sehr junge, kleine Artischocken sind zur Gänze mixbar. Artischockenböden (-herzen) vertragen sich hervorragend mit Zitronen, mit Trauben und einem Schuss Olivenöl. Man erspart sich durch häufige Artischockensmoothies den Kauf teurer (haltbar gemachter) Heilsäfte für die Leber.

## AVOCADO

Lezithin, Magnesium, Vitamin $B_6$, Vitamin E und Zink, Eisen, Folsäure und Beta-Karotin sind die Hauptinhaltsstoffe. Die hochwertigen Fettsäuren der Steinfrucht versorgen Nerven und Gehirnzellen mit Nahrung. Geschälte Avocado ohne Kern wird im Mixer zur Paste, man muss mit wasserhaltigen Früchten oder mit Säften verdünnen.

## BANANE

Nervennahrung durch reichen Kaliumanteil, Nahrung für Sportler durch das für die Muskeln wichtige Magnesium. Ideale Beigabe zu Spinat und herben Wildsalaten, die etwas Geschmacksverbesserung benötigen.

## BIRNE

Folsäure, Vitamin C, Kalzium, Kalium und Magnesium sind in der wasserreichen Frucht in hoher Konzentration enthalten. Birnen enthalten weniger Säuren als z. B. Äpfel und wirken deshalb besonders süß, sie sind als Geschmacksverbesserung oder Aufwertung von Kohl- und Salat-Smoothies gut geeignet.

## BLUMENKOHL

Insekten oder Raupen, die sich gern hier aufhalten, vertreibt man mit Essigwasser, in das man den ganzen Kopf kurz legt. Blumenkohl oder Karfiol hat alle guten Eigenschaften der Kohlfamilie und hohen gesundheitlichen Wert als Schonkost für den Magen und Darm. Er senkt, wie sein enger Verwandter Brokkoli, das Krebsrisiko und bietet jede Menge Vitamine und Antioxidantien, besonders viel Vitamin C.

## BROMBEERE

Entzündungshemmende Enzyme im Verein mit einem prall gefüllten Korb voller Vitamine schützen die Gefäße, beugen frühzeitiger Alterung vor, kräftigen das gesamte Immunsystem und pflegen liebevoll unsere Schleimhäute. Die Früchte sind nur kurze Zeit erhältlich, die Blätter relativ lange. Beide Pflanzenteile passen in grüne und in Obstsmoothies.

## BROKKOLI

Chlorophyll, der wahre Reichtum der Natur, der unsere roten Blutkörperchen zu Höchstleistungen anspornt, ist in den Blütenstielen und Blütenknospen reichlich enthalten.
Brokkoli ist auch Spitzenreiter bei Provitamin A, Zink und Vitamin E. Der sanfte Geschmack und die bläulich-violette Farbe machen ihn zu einem guten Partner für Beeren, besonders Heidelbeeren. In dieser Kombination ist ein Smoothie Kraftnahrung für die Augen und wahres Anti-Aging-Food.

## CHICOREÉ

Der milde Abkömmling der „Zichorie" oder wilden Wegwarte hat alle leberstärkenden Eigenschaften dieses wichtigen Wildgemüses. Als Smoothie bildet Chicoreè ein edles Gespann mit Pfirsichen, Feigen, Nektarinen oder Weintrauben. Soll der Salatgeschmack dominieren, so mische man mit Salatgurke oder einigen Radieschen, beides optimale Ergänzungen, auch was den Vitalstoffgehalt angeht.

## ENDIVIENSALAT

Die heute angebotenen Sorten sind viel weniger bitter, als sie es noch vor 20 Jahren waren. Das macht nichts, denn die Bitterstoffe holt man sich aus einer Hand voll Löwenzahnblättern. Passend ist auch Salatgurke, Brunnenkresse und junger Kohlrabi. Den milderen Geschmack – vor allem für Kinder – holt man sich mittels einer Banane oder Kiwi, mit einem Löffel Ahornsirup, etwas Mandel- oder Kokosmilch.

## ERBSEN

Gekocht schmecken sie besser und haben

auch den höheren Gesundheitsnutzen. Eine Ausnahme bilden die kleinen, feinen Zuckerschoten, die zum Teil aus weit entfernten Ländern zu uns kommen. Sie munden gemixt ebenso gut, wie gekocht.

## ERDBEERE

90 % Wasser und eine Fülle von Enzymen mit einem hohen Anteil von Vitaminen und Mineralstoffen machen die Erdbeere zur beliebten Frühsommer-Frucht. Die (ungespritzten) Blätter der Gartenerdbeere und die Blätter der Walderdbeere sind ebenso wertvoll wie die Früchte und während der gesamten Vegetationsperiode verfügbar. Früchte und Blätter passen zu jungen Zwiebeln, zu allen Obstsorten und zu frischen Pflücksalaten.

## FEIGE

Frische Feigen kann man in heutigen Klimazeiten bereits in heimischen Gärten ernten. Ab August findet man sie auf Märkten. Sie sind die Nervennahrung schlechthin und eine Verdauungshilfe ersten Ranges. Die Gehirnleistung wird durch sie ebenso gesteigert wie die Konzentrationsfähigkeit. Feigen haben ein mineralstoffreiches Innenleben und besonders viele verdauungsaktive Enzyme – geht`s dem Darm gut, geht`s dem Menschen gut! Gemixt schmecken sie mit allen grünen Salaten, mit Fenchel, Kohlsorten, Zitrusfrüchten oder Melonen.

## FENCHEL

Das Gewürz besteht aus den Samen, die nur in kleinster Menge oder als Teeaufguss genommen werden sollten. In ein Smoothie gehört der Gemüsefenchel, der eigentlich nichts anderes ist als ein verdickter Stängel. Er verströmt delikates Anisaroma und liefert viele Enzyme, die dem Hormon Östrogen ähneln. So ist er vor allem Nahrung für den weiblichen Teil der Menschheit, denn er ist unterstützender Heiler bei Menstruationsproblemen, fördert den Milchfluss wenn ein Baby geboren wurde und hilft bei Wechseljahrbeschwerden. Fenchel enthält besonders viel Kalium.

## GRÜNE SALATE

Leben ist immer lebensgefährlich und ausgeschlafenen Menschen passiert weniger als übermüdeten, die an stressbedingten Schlafstörungen leiden. Salat fördert den gesunden Schlaf, er regt die Verdauung an und liebt unsere Leber. Jedes Blatt senkt das Risiko, Herz- oder Kreislaufprobleme zu bekommen. Dies verhindern die vielen sekundären Pflanzenstoffe und das reichlich vorhandene Chlorophyll. Alle Sorten sind unserem Körper willkommen, aber die bitteren, wie z. B. Endiviensalat oder Rauke, haben besonders viele immunstärkende Substanzen und Antioxidantien – außerdem machen sie jung und frisch. In praktisch jedes Smoothie – ob aus viel Obst oder aus Gemüse – passen ein paar frische Salatblätter.

## HAFER

Diese beste pflanzliche Quelle für B-Vitamine sollte häufiger verwendet werden. Während der Vegetationszeit, und wenn man den passenden Direktvermarkter vor der Haustüre hat, durchaus als Hafergras mitsamt den noch unreifen Samen. Dies passt in jedes Smoothie und sorgt für nervenstärkende und antirheumatische Substanzen. Die Körner stehen während des ganzen Jahres zur Verfügung. Wer sie nicht gerne mitmixt, der streue ein paar Haferflocken über das fertige Getränk. Hafer wirkt beruhigend und ausgleichend, die regulierende Wirkung auf den Cholesterinspiegel ist sprichwörtlich.

## HEIDELBEERE

Viel Vitamin A schützt die Augen. Biotin, Vitamin C und eine Vielzahl Enzyme betätigen sich im Kampf gegen freie Radikale, unterstützen die Zellregeneration, besonders jene der Schleimhäute und die Gefäße. Heidelbeeren passen zu allen grünen Smoothies und sind eine Aufwertung für Karotten- oder Wildpflanzen-Smoothies.

## HIMBEERE

Die Farbstoffe der Himbeere zählen zu den wichtigsten Krebsvorbeugern. Höchste Konzentration von Ellagsäure aller Obst- und Gemüsesorten. Haut, Haare und Nägel profitieren von den Inhaltsstoffen der Himbeeren, etwa Biotin, dem Schönheitsvitamin. Himbeeren passen in praktisch jedes Smoothie, ohne den Geschmack zu verändern, sie halten sich zurück, werten aber auf.

## INGWER

Man weiß heute, dass Ingwer die Adern effektiver frei hält wie Knoblauch oder Zwiebeln. Ingwer vermindert die Wahrscheinlichkeit, ein Blutgerinnsel zu entwickeln, er regt den Kreislauf an und unterstützt den Säftefluss in der Galle. Für eine gesundheitsfördernde Wirkung sind bereits 1 TL frischer Ingwer täglich ausreichend, allerdings über einen längeren Zeitraum hinweg. An die Schärfe muss man sich erst gewöhnen, sie passt zu den meisten Früchten, am besten zu Bananen, Melonen und Steinfrüchten, weniger gut zu Beeren. Interessant ist die Kombination mit Kohlsorten.

## JOHANNISBEERE

Es gibt schwarze, weiße und rote Ribisel, für ein Smoothie sind alle geeignet und zwar sowohl die Früchte als auch die frischen, jungen Blätter. Während rote und weiße Johannisbeeren eher der „gesunden" Ernährung dienen, zählt die herbe schwarze Johannisbeere bereits zu den echten Heilpflanzen. Alle Sorten haben hohen Vitamingehalt, besonders viel Vitamin C, B-Vitamine und Kalzium. Am enzymreichsten ist die schwarze Johannisbeere, ein klassisches Anti-Aging-Mittel, das den Zellstoffwechsel aktiviert, die Schleimhäute unterstützt, das Immunsystem ankurbelt und Knochen und Zähne stärkt. Die Erntezeit der Beeren ist mit Juni bis August nicht besonders lange, deshalb – wann immer es die Ribiseln gibt, mache man nicht nur Gelee oder Kuchen daraus – man mixe sie in das tägliche Smoothie. Der saure Geschmack ist für manchen Menschen gewöhnungsbedürftig, dann eben weniger nehmen oder auf Blätter ausweichen.

## KAROTTEN

Karotten sind besonders für Menschen, deren Lunge etwas kränkelt, wichtig. Man sagt, sie reduzieren sogar das Risiko, an Lungenkrebs zu erkranken, so machtvoll wirken sie. Sie sind eine der wichtigsten Quellen für Beta-Karotine, die Vorstufen zum Vitamin A. Rohe Karotten töten giftige Mikroorganismen ab, die sich manchmal in unserem Körper befinden und unsere Gesundheit beeinträchtigen. Die völlig ausgereiften, langen Herbstwurzeln enthalten wesentlich mehr Karotine als die jungen Frühkarotten. Bisher wurden insgesamt etwa 500 verschiedene Karotine gefunden, sie sind für die „Farben“ in Obst und Gemüse verantwortlich, hauptsächlich für Orange, Gelb und Rot.

## KIRSCHE

Wer nicht nur den eigenen Vitamin- und Mineralstoffspiegel im Auge hat sondern auch einen Harnsäuresenker braucht, der hat in Kirschen zuverlässige Begleiter. Ihr Genuss wirkt entzündungshemmend, Harnsäure wird reduziert und dadurch Rheuma und Gicht erträglicher. Kirschen machen durch reichlich Zink, Folsäure, Biotin und Bioflavonoide schöne Haut und schönes Haar, außerdem munden sie extrem gut. Die Erntezeit ist kurz, aber während es sie gibt, häufig 1 Hand voll entsteinter Kirschen in praktisch jedes Smoothie hinein geben. Auch wenn sich das zarte Kirschenaroma gegen kräftigen Gemüsegeschmack kaum durchsetzen kann – der Gesundheitsnutzen ist groß.

## KIWI

Es gibt auch heimische (frostharte, bereits vergessene) Sorten, die der neuseeländischen Kiwi zum Verwechseln ähnlich sehen, aber so klein wie Stachelbeeren sind. Sie sind weich und die Haut ist essbar. Außer der heimischen müssen alle anderen Kiwi-Sorten – es gibt sie mit gelbem und mit grünem Fruchtfleisch, geschält werden. Sie sind, wie die Bananen, Geschmacksverbesserer für alle Salat- und Wildsalat-Smoothies und steuern wichtige Vitamine und Spurenelemente bei. Kiwis sind durch das enthaltene Magnesium, reichlich Vitamin C und viele Enzyme ein Anti-Stress-Obst und ein Venenstärker. Außerdem festigen sie das Bindegewebe, beschleunigen den Stoffwechsel und regen Herz und Muskeln an.

## KNOBLAUCH

Der Genuss von frischen Knoblauchzehen ist laut Volksmund eine rundum empfehlenswerte Sache. Auch die Schulmediziner machen sich dafür stark. Knoblauch ist ein natürlicher Bakterienbekämpfer, der aus einer Unzahl Vitaminen, Mineralstoffen, Enzymen und Hormonen besteht. Der wichtigste Inhaltsstoff ist das Allicin. Beim Erhitzen, besonders über längere Zeit, wird das Allicin weitgehend zerstört. Zerkleinert man die geschälten Zehen der Knolle, wie es beispielsweise im Smoothie-Mixer geschieht, wird das geruchsintensive Allicin erst gebildet. Dieser Stoff ist der Grund, warum der Knoblauch als Vorbeuger gegen Thrombosen gilt. Durch rohen Knoblauch wird die Elastizität der Blutgefäße wieder hergestellt oder erhalten.

Jeder Mensch sollte pro Tag mindestens 2 frische Zehen verzehren, damit die gefäßerweiternde Wirkung zum Tragen kommt. Damit hilft man den Herzkranzgefäßen, der Durchblutung der Augen und natürlich dem Gehirn. Knoblauchkonsumenten haben bis ins hohe Alter ein gutes Gedächtnis. Weitere positive Effekte sind die Keimsenkung im Darm und die Entgiftung von Blei und anderen Schwermetallen, die heute jeder Mensch täglich nötig hat.

Der Geschmack ist ein anderes Kapitel. Knoblauch schmeckt meist so scharf, dass es einem die Tränen in die Augen treibt. Er dominiert jede Gemüse- oder Obstmischung und reizt den Gaumen noch intensiver als die Zwiebel. Der chinesische Knoblauch ist milder. Im Frühling kann man auf den Bärlauch ausweichen, während des übrigen Jahres und vor allem während der dunklen Monate sollte man sich aber hin und wieder ein Knoblauch-Smoothie zubereiten – und natürlich dafür sorgen, die Geruchsbelästigung für die Umgebung minimal zu halten. Knoblauch wird zum Großteil über die Haut ausgeschwitzt, was der Haut gut tut, den Mitmenschen aber weniger.

Hausmittel gegen den Geruch sind: Petersilie kauen, ein paar Fenchelsamen kauen, Chlorophyll-Tabletten nehmen oder chlorophyllhaltige Speisen in großer Menge konsumieren, Kaffeebohne zerkauen, starken Ingwertee trinken, Apfelmus essen. Jeder Mensch braucht etwas anderes, bei manchen hilft gar nichts.

Knoblauch passt gut zu einem Smoothie aus frischen Gurken oder Spinat und auch zu den meisten Wildgemüsesorten.

## KOHL

Alle Kohlarten haben unzählige gesunde Inhaltsstoffe, die sie zu Kämpfern gegen die Geißel unserer Zeit machen – den Krebs. Die empfohlene Verzehrmenge sind ein paar Esslöffel voll bis zu 5 Mal pro Woche. Die Heilerfolge werden vor allem mit rohem Kohl erzielt, was liegt also näher, als möglichst häufig ein paar Kohlblätter in ein Smoothie einzubeziehen. Alle Kohlarten sind reich an B-Vitaminen. Sie enthalten Karotine (die Vorstufen zum Vitamin A), viel Vitamin C, Folsäure und eine Unmenge

an stoffwechselfördernden Vitalstoffen. Sie unterstützen den Kreislauf und das Herz. Wer auf Kohl mit Blähungen antwortet, sollte vorsichtig anfangen. Es reicht anfangs schon eine sehr kleine Menge, die man langsam erhöht – jeder Mensch reagiert anders und vielleicht muss sich Ihr Körper erst langsam daran gewöhnen, so überaus wertvolle Nahrung zu verdauen!
Zur großen Kohlgemeinde aus der Familie der Kreuzblütler gehören ganz unterschiedliche Sorten: Weißkraut oder -kohl, Rotkraut oder -kohl, Wirsing, Grünkohl, Kohlrabi, Rosenkohl, Blumenkohl, Brokkoli, Chinakohl …

## KOKOSNUSS

Nur von Kokosnuss könnte sich ein Mensch lange Zeit ernähren, ohne an einer Mangelerscheinung zu erkranken, so perfekt ergänzen die Inhaltsstoffe den Bedarf des Menschen. Das Eiweiß in Fruchtfleisch und Flüssigkeit ist optimal. Das natürliche Kokosfett wirkt entzündungshemmend, verbessert das Immunsystem und schützt die Leber. Reichlich B-Vitamine, Vitamin E und alle Spurenelemente dienen unserer Gesundheit. Die bis 30 cm lange Kokosnuss ist auf allen Märkten zu finden. Je jünger sie ist, desto mehr farblose aber nährstoffreiche Flüssigkeit (Kokoswasser) enthält sie. Besonders das Wasser ist eine vitalstoffreiche Smoothie-Zutat.

## KRESSE

Kresse ist eine wunderbare Kalziumquelle. Am wertvollsten, weil mit so vielen B-Vitaminen, Folsäure, Eisen und Zink ausgestattet, ist die wilde Brunnenkresse. Gleich danach kommen Kresse-Sprossen, ausgewachsene Gartenkresse und Kapuzinerkresse. Kresse ist ein natürliches Antibiotikum ohne Nebenwirkungen.

## KÜRBIS

Wenn draußen gar nichts mehr wächst, liegt noch immer der Kürbis im Keller, der monatelange Lagerung überdauert und auf der Liste der krebsverhütenden Lebensmitteln ganz weit oben steht. Man kann Esskürbisse auch roh genießen (es gibt Zierkürbisse, die zum Essen ungeeignet sind!), sie harmonieren mit jeder Art von Salat, mit allen Früchten und auch mit den Wildgemüse-Sorten. Kürbis passt sich jedem Geschmack an. Kürbisse enthalten viele antioxidativen Vitamine und Mineralstoffe, besonders viel Vitamin C, E und Karotin. Wo Kürbis dabei ist, sollten immer auch einige Nüsse ins Smoothie, diese Kombination hat unschlagbaren Gesundheitsnutzen!

## MANGO

Wer Sehnsucht nach Sonne hat, wird um die Mango nicht herum kommen, denn die Sonnenfrüchte geben Sonnenqualität an den Körper ab – zu einer Zeit, wo außer Apfel und Birne kaum frisches Obst zur Verfügung steht. Beta-Karotin, die Vitamine $B_3$, $B_5$, $B_6$, C und E, außerdem Mangan und Kupfer, Magnesium, Zink und viel Kalium machen den Hormonen Beine und regen die Zellerneuerung an. Mango passt zu Blumenkohl, zu Kohlrabi, zu Chicoreé, zu Spinat und zu herben Salaten.

## PAPAYA

Als Weichmacher für Fleisch ist der wichtigste Inhaltsstoff, das Papain, in Großküchen schon lange bekannt. Im Smoothie, wo die ganze Frucht ohne Schale, aber mitsamt den schwarzen Kernen, verarbeitet wird, sorgt das Papain dafür, das Nahrungseiweiß im Nu in seine kleinsten Teile aufzuspalten. So stehen dem Körper schnell die wichtigen Aminosäuren zur Verfügung. Papaya schmeckt gut zu allen reinen Salat-Smoothies und zu Wildpflanzen und regt den Hormonhaushalt an.

## PAPRIKA

Je milder und süßlicher der Gemüsepaprika schmeckt, desto milder mundet auch ein Gemix daraus. Man kann die ganzen Früchte verwenden, die Kerne und inneren Häute sind der schärfste Teil des Paprikas (gilt auch für den Verwandten Chili). Gute Mischungen sind mit Kürbis und Zucchini zu erzielen, außerdem mit Schalotten, grünen Salaten und saftigen Ringlotten oder Zwetschken. Paprika gehört zu den Vitamin-C reichsten Gemüsesorten, bereits 1 Paprika enthält so viel C-Vitamin, wie man an 2 Tagen verbraucht.

## PFIRSICH

Die flaumige Schale und das weiche Fruchtfleisch ergeben einen köstlichen Mix mit grünen Salaten, mit Brokkoli und Blumenkohl. Pfirsiche enthalten viel Beta-Karotin, aber auch Kalium, Vitamin C, Eisen, Nikotinsäure, Kupfer und Magnesium. Achtung vor angefaulten Früchten: großzügig ausschneiden, da sich der (giftige) Schimmelpilz schon weit verbreitet haben kann! Besonders harmonisch schmecken die Smoothies mit Pfirsichen dann, wenn eine Zitrusfrucht mit von der Partie ist – also ½ Zitrone oder ½ Orange.

## PFLAUME

Zur Pflaumenfamilie gehören Zwetschke, Kirschpflaume, Mirabelle oder Ringlotte und auch die wild wachsende Schlehe, die erst nach dem ersten Frost genießbar ist. Alle Pflaumenarten wirken harntreibend, etwas abführend und vor allem blutreinigend. Sie sind klassische "Darmpfleger". Wer unter Nervosität leidet, dem helfen Pflaumen ziemlich schnell – am besten natürlich die wilden Schlehen, die noch das breite Spektrum aller Enzyme enthalten, die alle Pflaumen ursprünglich hatten. Schlehen gehören zu den Heilpflanzen. Die Früchte passen in jedes Gemüse- und Kräuter-Smoothie.

## SPARGEL

Roh schmeckt er köstlich, er muss vor dem Mixen nicht einmal geschält werden. Verholzte Teile großzügig entfernen. Grüner Spargel enthält wesentlich mehr Vitamin C und Karotin als weißer. Beide Spargelsorten helfen bei Verdauungsproblemen und Wasseransammlungen im Gewebe, sie unterstützen die Harnproduktion. Spargel passt zu säuerlichem Obst, zu Zitronen und frischem Spinat.

## SPINAT

Trotzdem man heute weiß, dass der Spinat seinen Ruf als eisenreichstes Gemüse einem schlichten Kommafehler verdankt, ist seine Beliebtheit groß. Er enthält, wie jedes grüne Gemüse, eine Vielzahl von Antioxidantien wie Vitamin C, E und Karotine, außerdem ist er ein Spitzenlieferant für Folsäure. Roher Spinat sollte 2 Mal wöchentlich auf dem Speisezettel stehen, außer man hat ein Steinleiden, dann ist er wegen des hohen Oxalsäuregehalts zu vermeiden. Spinat passt zu Getreide- und Nussdrinks, zu kaliumreichen Obstsorten wie Banane und Hagebutten, gekochten Holunderbeeren und Melone, Avocado oder Kiwi.

## RADIESCHEN

Radieschen bilden ein gutes Gespann mit geschältem Rettich, etwas Fenchelknolle und roten Paprikas. Das Grün der Radieschen, oder Radieschensprossen, machen das Smoothie noch wertvoller. Basilikum ist als Gewürz hochwillkommen.

## RETTICH

Äpfel sind ein guter Partner, der alles bringt, was dem Rettich an Vitalstoffen fehlt – viel ist es ja nicht, denn der Rettich strotzt nur so von gesundheitsfördernden Stoffen. Wer mag, probiert es einmal, das Smoothie mit etwas Bier zu verdünnen. Eine interessante Erfahrung!

## ROSENKOHL

Richtig gut schmeckt dieser wunderbare Eiweißspender nur überbrüht oder kurz gekocht. Die bereits 200 Jahre alte Züchtung aus Belgien ist nah verwandt mit dem Wirsing und enthält besonders viel Nervenvitamin Thiamin, das dann erhalten bleibt, wenn es nur kurz erhitzt wird. Durch Tiefgefrieren wird es ebenfalls zerstört.

## ROTKRAUT

Wunderbare Partner sind frische Feigen und Äpfel, einige Zweiglein Petersilie und, der Gesundheit wegen, ein bis zwei Rübenblätter. Es könnten auch mehr sein, aber dann wird das Smoothie ein bloßer Gesundheitsdrink und hat nur mehr wenig für den Gaumen zu bieten.

Es gibt Menschen, die sich nicht überwinden können, hin und wieder auch etwas Bitteres zu konsumieren. Die muss man langsam daran gewöhnen. Es ist ganz einfach, denn diese Personen beginnen mit einem hohen Obstanteil und nur einer kleinen Gemüse oder Wildkräuter-Menge. Allmählich gewöhnt sich der Gaumen daran, dann wird der Obstanteil nur mehr die Hälfte ausmachen müssen. Später ist vielleicht schon der Gemüseanteil höher und das Obst wird nur mehr am Rande gebraucht. So können übrigens auch Kinder überlistet werden, die sich manchmal weigern, grüne oder braune Smoothies zu trinken.

## TOMATEN

Sie ergänzen sich hervorragend mit frischen Zwiebeln – ein Vernichtungsfeldzug für alle Stoffe, die im Körper schon ein wenig Schaden anrichten könnten, wo aber noch keine Krankheit ausgebrochen ist. Quercetin und Lycopine sind die Schutzsubstanzen, die unser Körper dringend braucht. Das enthaltene Vitamin E macht die Tomaten zu den gesündesten Gemüsefrüchten, die wir kennen.

## WASSERMELONE

Ein Smoothie daraus – natürlich mitsamt den Kernen aber ohne Schale gemixt – schmeckt absolut hervorragend. Wassermelonen vertragen sich vor allem mit anderen Früchten. Mit Himbeeren, Pfirsichen und ganzen Bio-Zitronen oder Bio-Orangen.

Die Kombination mit einer Tomate ist gewagt, hat aber Anhänger. Köstlich sind auch etwas Kresse und/oder 2 bis 3 Radieschen oder weiße Rettichscheiben (ungesalzen).

## WEINTRAUBE

Nicht von ungefähr gibt es die klassischen Traubenkuren, wo man nur Weintrauben zu sich nimmt, dies aber in großer Menge. Rote und weiße Trauben putzen die Harnwege durch und reinigen die Nieren. Alle B-Vitamine (außer $B_{12}$) sind enthalten, Vitamin C, viele Enzyme und Anthocyane (pflanzliche Farbstoffe), Ellagsäure und Pektine. Es sind sogar keimtötende Substanzen enthalten. Trauben passen zu grünen Gemüse-Sorten, ebenso zu Salaten. Weniger gut zu Tomaten und zu Paprika.

## ZUCKERMELONE

Nichts schmeckt im Sommer besser, als das mitsamt den Kernen pürierte orange oder gelbe Fruchtfleisch. Melonen sind eine Frischzellenkur für den gesamten Organismus. Die Zellatmung wird besser, der Stoffwechsel kommt auf Vordermann, die Haut beginnt zu strahlen. Ein runder Vitamin- und Mineralstoffstrauß beglückt den Körper. Zuckermelonen passen in jedes Wildpflanzen-Smoothie.

Faktoren wie Alter, Gesundheitszustand, sportliche Betätigung, Gewicht, etc. sind für den Vitalstoffverbrauch entscheidend. Die nebenstehende Tabelle gibt einen Durchschnittswert an

# Ein erwachsener Mensch braucht durchschnittlich pro Tag:

- Vitamin A: etwa 1 Milligramm; oder
- Karotine: bis 2 Milligramm;
- Vitamin D: 5 Mikrogramm;
- Vitamin E: 10 Milligramm;
- Vitamin K: 60 bis 80 Mikrogramm;
- Vitamin $B_1$ (Thiamin): 1,3 Milligramm;
- Vitamin $B_2$ (Riboflavin): 1,6 Milligramm;
- Niacin: 18 Milligramm;
- Vitamin $B_6$ (Pyridoxin): 1,7 Milligramm;
- Folsäure: 200 Mikrogramm;
- Pantothensäure: 6 Milligramm;
- Biotin: 100 Mikrogramm;
- Vitamin $B_{12}$ (Cobalamin): 2 Mikrogramm;
- Vitamin C (Ascorbinsäure): 70 Milligramm

- Natrium: 5 Gramm;
- Kalium: 2 Gramm;
- Kalzium: 800 Milligramm;
- Phosphor: 1200 Milligramm;
- Magnesium 300 Milligramm;
- Eisen: 14 Milligramm;
- Jod: 150 Mikrogramm;
- Zink: 15 Milligramm;
- Mangan: 5 Milligramm;
- Selen: bis 100 Mikrogramm;
- Chrom: 50 bis 200 Mikrogramm;
- Molybdän: 75 bis 200 Mikrogramm

# Ungeeignet für Smoothies

## Bei einigen Früchten und Knollen ist Rohgenuss nicht üblich oder sogar gefährlich. Hier eine kleine Warenkunde:

### AUBERGINEN

Seit unsere Sommer immer heißer werden, haben manche Gartenbesitzer auch bei uns beachtliche Ernten dieses einjährigen Nachtschattengewächses aus dem Mittelmeerraum. Wie die Kartoffel enthält die Frucht Solanin, allerdings nur, solange sie nicht vollständig reif ist. Aber auch bei Vollreife wird man auf den Rohgenuss verzichten, denn die Frucht schmeckt ausschließlich in gekochtem Zustand.

### BOHNEN

Bohnen wirken in rohem Zustand wie eine Giftpflanze und sind deshalb vor dem Verzehr zu kochen. Schon eine Hand voll rohe Gartenbohnen können bei Kindern zum Tod führen. Diese Hülsenfrüchte enthalten Proteine, die die Darmzotten zerstören. Schuld daran ist das Phasin, das erst durch längeres Einweichen und Kochen deaktiviert wird. Das gilt nicht nur für die Samen der verschiedenen Bohnensorten, sondern auch für die grünen Bohnen oder Fisolen. Auch sie enthalten giftige Eiweißverbindungen. Sie werden mitsamt der Schale gekocht und sind ein wunderbares Gemüse oder ein Salat, aber eben erst nach dem Kochvorgang. Ausnahmen sind Adzukibohnensprossen, die allerdings auch manchmal kaum verdaulich sind und die Limabohnen, die als Schoten oder Bohnen frisch gegessen werden können und deshalb auch in einem Smoothie landen dürfen.

### ERBSEN

Rohe, feine Zuckerschoten und frische Zuckererbsen, die noch weich sind, sind roh kein Problem. Bei bereits ausgereiften Erbsen wird der Magen-Darmtrakt belastet, es ist besser, sie zu kochen und erst dann zu verwenden.

### KARTOFFELN

Kartoffeln sind in rohem Zustand vorsichtig zu behandeln, denn als Nachtschattengewächse enthalten sie etwas giftiges Solanin, das erst beim Erhitzen weitgehend verschwindet – es landet im Kochwasser. Besonders viel Solanin befindet sich in den grünen Stellen, im Keim der Kartoffel und auch im Kraut der Pflanze. Auch die in der Kartoffel enthaltene Stärke ist roh unverdaulich, aber an und für sich schmecken rohe Kartoffeln gut und eine einzelne wird bestimmt nicht unbekömmlich sein. Größere Mengen sind aber – besonders bei Kindern – zu vermeiden. Den meisten Menschen liegen rohe Kartoffeln schwer im Magen. Keine Regel ohne Ausnahme – es gibt Menschen, die vertragen rohe Kartoffeln gut und haben auch Lust darauf, außerdem sagt man den rohen Erdknollen eine gute Wirkung bei Sodbrennen nach.

## PILZE

Viele unserer Wildpilze sind in rohem Zustand giftig oder zumindest schwer verdaulich oder unbekömmlich. Deshalb muss man sie kochen oder braten. Für Zuchtpilze wie Champignons gilt diese Regel nicht. Champignons können auch roh gegessen werden und einige davon passen gut zu einem Zwiebel- oder Kräuter-Smoothie.

## RHABARBER

Der Oxalsäure-Gehalt in den Blättern ist beachtlich und natürlich auch in den Stielen vorhanden, deshalb schält man sie vor dem Gebrauch großzügig und schüttet das Kochwasser ab. Je älter der Rhabarber ist, desto mehr Oxalsäure enthält er. Die alte Bauernweisheit: Nach dem 24. Juni keinen Rhabarber mehr essen, hat also ihre Berechtigung. Der Rohgenuss ist nicht zu empfehlen.

## SÜSSKARTOFFELN

Dürfen nie ungekocht verwendet werden. Sind sie gekocht, kann man sie z. B. einem Smoothie aus frischen Champignons beifügen, sie ergänzen sich auch gut mit Meerrettich und dessen Blättern und schätzen als Würze ein wenig frischen Rosmarin.

## TOMATEN (NOCH GRÜNE)

Die vollreifen Früchte enthalten fast kein Solanin mehr, jenen Stoff, der in den Nachtschattengewächsen vorkommt und bei der Tomate in „Tomatin" umgetauft wurde. Bei unreifen grünen Tomaten oder den halbreifen, die zum Rot auch noch einige grüne Stellen aufweisen, ist der Solaningehalt um ein Vielfaches erhöht. Das kann zu gesundheitlichen Problemen führen, deshalb sollten grüne oder halbreife rohe Früchte keinesfalls in einem Smoothie-Mixer landen.

# Essbare Wildpflanzen und Gemüse von A-Z

| | |
|---|---|
| **A**ckerhellerkraut | obere Triebspitzen (Thlaspi arvense) – kleine Mengen |
| Ackersenf | Blätter, Blüten (Sinapis arvensis) – kleine Mengen |
| Alant | Blüten (Inula helenium) |
| Amaranth | Blätter und Kraut (Amaranthus) – kleine Mengen |
| Anis | Blättchen und Blüten (Pimpinella anisum) |
| Apfel | Frucht, Blüten und sehr junge Blätter (Pyrus malus) |
| Artischocken | Blätter und Boden (Cynara scolymus) |
| **B**arbarakraut | Blätter, Blüten (Barbarea vulgaris) – kleine Mengen |
| Bärenklau | (heimisch), junge Blätter und Stängel (Heracleum sphondylium) |
| Bärlauch | junge Blätter, Blüten, Zwiebeln (Allium ursinum) |
| Basilikum | ganzes Kraut (Ocimum basilicum) – als Gewürz, kleine Mengen |
| Bataviasalat | (Lactuca sativa L.) |
| Birke | junge Blätter (Betula) – kleine Mengen |
| Blattkohl | Blätter (Brassica oleracea var. sabellica L) |
| Blumenkohl | (Karfiol) Blätter und Röschen (Alef var. Botrytis) |
| Blutwurz | junge Blätter, Blüten (Potentilla) – kleine Mengen |
| Bocksbart | junge Blätter und Blüten (Tragopogon) – kleine Mengen |
| Bohnenkraut | (Satureja hortensis) – als Gewürz, kleine Mengen |
| Borretsch | Blätter und Blüten (Borago officinalis) – kleine Mengen |
| Braunelle | junge Blätter (Prunella) – kleine Mengen |
| Brennnessel | Blätter, Wurzeln (Urtica dioica) |
| Brokkoli | Blütenstände und Blätter (Brassica oleracea var. italica) |
| Brombeeren | Blätter, Blüten, Früchte (Rubus) |
| Brunnenkresse | Blätter, ganzes Kraut (Nasturtium officinale) |
| **C**hinakohl | (Brassica rapa ssp. pekinensis) |
| Chicorée | (Cichorium intybus var. foliosum) |
| **D**ille | Blätter (Anethum graveolens) – als Gewürz, kleine Mengen |
| Dinkelgras | grüne Schösslinge (Triticum spelta) |

| | |
|---|---|
| Distelarten | junge Schösslinge, junge Blätter (Carduus) – kleine Mengen |
| Dost | Blättchen (Origanum vulgare) – als Gewürz, kleine Mengen |
| **E**hrenpreis | Blätter und Blüten (Veronica) – kleine Mengen |
| Eibisch | Blätter und Blüten oder Früchte (Althea officinalis) – als Gewürz, kleine Mengen |
| Eichblattsalat | (Lactuca var.) |
| Eisbergsalat | (Lactuca var.) |
| Eisenkraut | überbrühte Blättchen (Verbena) – als Gewürz, kleine Mengen, sehr bitter! |
| Endiviensalat | (Cichorium endivia) |
| Engelwurz | junge Blätter, Stängel, Blüten (Angelica archangelica) – als Gewürz, kleine Mengen |
| Erdbeere | junge Blätter, Blüten, Früchte (Fragaria vesca + Fragaria ananassa) |
| Eselsdistel | junge Blätter, Blütenknospen (Onopordum) – kleine Mengen |
| Estragon | Blätter (Artemisia dracunculus) – als Gewürz, kleine Mengen |
| **F**eldsalat | (Valerianella) |
| Fenchel | Blättchen und Knolle (Foeniculum vulgare) |
| Ferkelkraut | kleine Blättchen (Hypochoeris uniflora) – kleine Mengen |
| Fingerkraut | junge Blätter (Potentilla reptans) – kleine Mengen |
| Flachs | junge Blätter und Triebe (Linum) |
| Frauenmantel | Blätter und Blüten (Alchemilla) – kleine Mengen |
| **G**änseblümchen | Blüten und Blätter (Bellis perennis) – kleine Mengen |
| Gänsedistel | junge Pflanze (Sonchus oleraceus) – kleine Mengen |
| Gänsefuß | (Chenopodium), nur sehr junge Blätter (Achtung: Der Stinkende Gänsefuß ist als einziger Vertreter der Art giftig) |
| Gartenkresse | Blätter (Lepidium sativum) |
| Gemüseampfer | kleine Blätter (Rumex longifolius) – kleine Mengen |
| Gerstengras | junge grüne Triebe (Hordeum vulgare) |
| Giersch | junge Blätter und Blüten (Aegopodium) – kleine Mengen |
| Ginkgo | sehr junge Blätter (Ginkgo biloba) – kleine Mengen |
| Glockenblumen | junge Blätter, Blüten (Campanula) – kleine Mengen |
| Goldrute | junge Triebe, Blüten (Solidago) – als Gewürz, kleine Mengen |

| | |
|---|---|
| Gundelrebe | Blätter und Blüten (Glechoma hederacea) – kleine Mengen |
| Günsel | Blütenstände (Ajuga reptans) – kleine Mengen |
| Guter Heinrich | Blätter (Chenopodium) |
| **H**abichtskräuter | Blüten und junge Blätter (Hieracium) – kleine Mengen |
| Hafer | Gras, junge Triebe oder weiche Samenstände (Avena sativa) |
| Himbeere | junge Blätter und Früchte (Rubus idaeus) |
| Hirtentäschel | ganzes Kraut (Capsella bursa-pastoris) – kleine Mengen |
| Hohlzahn | junge Blätter und Blüten (Galeopsis) – kleine Mengen |
| Huflattich | Blüten (Tussilago) – kleine Mengen |
| Immenblatt | Blätter und Blüten (Melittis) – kleine Mengen |
| **I**ndianernessel | Blätter und Blüten (Monarda) |
| **J**ohannisbeeren | Blätter, Blüten, Früchte (Ribes) |
| **K**amille | Blätter und Blüten (Matricaria) – kleine Mengen |
| Kapuzinerkresse | Blätter, Blüten (Tropaeolum majus) – als Gewürz, kleine Mengen |
| Karotten | (auch wilde), das junge Grün und Wurzeln (Daucus carota ssp) |
| Käsepappel | Blätter, Blüten (Malva neglecta) |
| Kerbel | Blätter (Anthriscus cerefolium) |
| Kirschen | Blüten, Früchte (Prunus) |
| Kleearten | Samen und Keimlinge (Trifolium) – kleine Mengen |
| Kletten | junge Blätter, Blüten (nur junge) (Arctium lappa) – kleine Mengen |
| Knoblauch | Triebe, obere Teile (Allium sativum) |
| Knoblauchrauke | Blätter (Alliaria petiolata) – kleine Mengen |
| Kohlarten | (Brassica oleracea) |
| Kohlrabi | Blätter und Knolle (Brassica oleracea var. gongylodes L.) |
| Kohlrübe | (Steckrübe), Blätter und Knolle (Brassica napus subsp. rapifer) |
| Königskerze | Blüten (Verbascum) – kleine Mengen |
| Kopfsalat | (Lactuca sativa) |
| Kratzdistel | junge Blätter & geschälte Stängel (Cirsium arvense) – kleine Mengen |
| Kresse-Arten | Blättchen (Lepidium) |
| **L**abkraut | junge Pflanzen (Galium verum) – kleine Mengen |
| Lavendel | Blüten (Lavandula) – kleine Mengen |

| | |
|---|---|
| Leimkraut | junge Blätter (Silene) – kleine Mengen |
| Liebstöckl | Blätter (Levisticum officinale) – kleine Mengen, als Gewürz |
| Lilien | Blüten, Zwiebeln (Lilium) |
| Linde | Blätter, Blüten (Tilia) – kleine Mengen |
| Lollo Rossa | (Lactuca sativa var. crispa) |
| Löwenzahn | Blätter, Blüten, Röhren (Taraxacum officinale) |
| Löwenzahnarten | (Leontodon), junge Blätter |
| Lungenkraut | junge Blätter und Blüten (Pulmonaria) |
| **M**ädesüß | junge Triebe, Blätter und Blüten (Filipendula ulmaria) – kleine Mengen |
| Mais | Bart und Körner (Zea mays) |
| Majoran | (Origanum majorana) – als Gewürz, kleine Mengen |
| Malven | Blätter, Blüten und Früchte (Malva) |
| Mangold | Blätter (Beta vulgaris subsp. Vulgaris) |
| Mannstreu | junge Triebe (Eryngium campestre) – kleine Mengen |
| Margeriten | Blüten, vor dem Mixen mit kochendem Wasser überbrühen, das Wasser weggießen (Leucanthemum) – kleine Mengen |
| Mariendistel | kleine Blättchen (Silybum marianum) – kleine Mengen |
| Mauerpfeffer | Triebspitzen (Sedum reflexum) – kleine Mengen |
| Meerrettich | Blätter (Amoracia rusticana) – kleine Mengen |
| Melde | junge Blätter (Atriplex hortensis und andere Arten) |
| Melisse | Blätter und Blüten (Melissa officinalis) – als Gewürz, kleine Mengen |
| Minzen | Blüten und kleine Blättchen - außer Poleiminze (Mentha pulegium), (Mentha) – als Gewürz, kleine Mengen, für Kinder tabu |
| Monarde | Blätter, Blüten (Monarda didyma) – kleine Mengen |
| **N**achtkerze | Blüten (Oenothera) |
| Nachtviole | Blüten (Hesperis matronalis) – kleine Mengen |
| Nelkenarten | Blüten (Dianthus) |
| Nelkenwurz | junge Blätter, Blüten (Geum urbanum) – kleine Mengen |
| **O**chsenzunge | junge Blätter und Blüten (Anchusa officinalis) – kleine Mengen |
| Odermennig | Blätter und Blüten (Agrimonia) – kleine Mengen |
| **P**astinak | das Grün und Wurzeln (Pastinaca sativa), kleine Mengen |

| | |
|---|---|
| Petersilie | das Grün (Petroselinum crispum) – als Gewürz, kleine Mengen, nicht für Kinder |
| Portulak | Blätter (Portulaca oleracea) |
| **Q**uecke | Wurzeln und Blätter (Agropyron repens) |
| **R**adicchio | (Cichorium intybus var. foliosum) |
| Radieschen | Blätter, Wurzeln (Raphanus sativus subsp. Sativus) |
| Rainkohl | junge Blätter (Lapsana communis) |
| Rettich | sehr junge Blätter (Raphanus sativus) – kleine Mengen |
| Ringelblumen | Blüten (Calendula officinalis) – kleine Mengen |
| Römersalat | (Lactuca sativa var. longifolia) |
| Rosen | Blätter, Blüten (Rosa canina und andere Rosenarten) |
| Rosenwurz | junge Triebe (Rhodiola) – kleine Mengen |
| Rote Rübe | das Grün und Wurzeln (Beta vulgaris subsp. vulgaris var. conditiva) |
| Rotkohl | (Brassica oleracea var. capitata f. rubra L.) |
| Rübenarten | junge Blätter (Beta) |
| Rucola | (Diplotaxis tenuifolia oder Eruca sativa ) |
| **S**albei | Blätter, Blüten (Salvia officinalis) – kleinste Mengen, nicht für Kinder |
| Sauerampfer | (Rumex acetosa) – kleinste Mengen, nicht für Kinder |
| Schafgarbe | junge Blätter und Blüten (Achillea millefolium) – kleine Mengen |
| Schlüsselblumen | alle Arten, Blätter und Blüten (Primula) |
| Schnittlauch | Blüten, Blätter (Allium) – kleine Mengen |
| Schnittsalat | (Lactuca sativa var. crispa) |
| Sellerie | das Grün, Wurzeln (Apium graveolens) – kleine Mengen |
| Sonnenblume | junge Blätter, Blütenblätter (Helianthus annuus) – kleine Mengen |
| Sonnenhut | Blütenblätter (Echinacea angustifolia) – kleine Mengen |
| Spinat | (Spinacia oleracea) |
| Stangensellerie | Blätter und Stiele (Apium ssp.) |
| Steinklee | Blättchen (Melilotus officinalis) – kleine Mengen |
| Stiefmütterchen | Blätter und Blüten (Viola) |

| | |
|---|---|
| Stockrose | Blätter, Blüten, Früchte (Alcea rosea) |
| Storchschnabel | Blüten (Geranium robertianum) – kleine Mengen |
| Süßdolde | junge Blätter und weiche Samen (Myrrhis odorata), kleine Mengen |
| **T**aglilien | Blüten (Hemerocallis) |
| Taubnessel | junge Blätter, Blüten (Lamium album) |
| **V**eilchen | Blätter und Blüten (Viola) |
| Vergissmeinnicht | Blüten mit Blättchen (Myosotis) – kleine Mengen |
| Vogelmiere | junges Kraut mit Blüten (Stellaria) |
| Vogerlsalat | (Feldsalat) (Valerianella) |
| **W**asserlinse | junge Blättchen (Lemna) – kleine Mengen |
| Wegerich | junge Blätter (Plantago) – kleine Mengen |
| Wegwarte | junge Blätter, Blüten (Cichorium intybus) – kleine Mengen |
| Weidenröschen | Wurzeln, junge Blätter und Blüten (Epilobium) – kleine Mengen |
| Wein | junge, weiche Triebe – kleine Mengen, Weintrauben (Vitis vinifera) |
| Weißdorn | junge Blätter, Blüten (Crataegus monogyna) – kleine Mengen |
| Weißkraut | (Brassica oleracea var. capitata f. alba) |
| Weizengras | grüne, junge Triebe (Triticum aestivum) |
| Wiesenschaum-kraut | ganze Pflanze (Cardamine pratensis) – kleine Mengen |
| Wirsing | (Brassica oleracea L. convar. capitata L.) |
| Witwenblume | Blüte (Knautia arvensis) – kleine Mengen |
| **Z**iest | junge Triebe (Stachys) – kleine Mengen |
| Zitronengras | (Cymbopogon citratus) – kleine Mengen, Gewürz |
| Zuckerhut | (Cichorium intybus var. foliosum) |
| Zuckerrübe | junge Blätter (Beta vulgaris subsp. vulgaris var. altissima) |
| Zwiebel | Grün, junge Blätter und rohe Zwiebeln (Allium cepa) |

# Daniela Friedl:

ISBN 978-99025-111-9
ISBN: 978-3-99025-115-7

## Vegane Hausmannskost

Traditionelle Hausmannskost und vegane Küche – eine gelungene Kombination. Die Klassiker der österreichischen Küche versprechen Gaumenfreuden, die sich auch vegan umsetzen lassen. Lieblingsgerichte, wunderschön bebildert, genau beschrieben, absolut vegan und tierleidfrei konzipiert.

## Schnelle vegane Küche – sojafrei & einfach

Vegane Schmankerl, sojafrei! Blitzschnell nachgekocht: Suppen und Snacks, Brotaufstriche, Hauptmahlzeiten und köstliche Desserts für ungeduldige NaschkatzenDaniela Friedl zeigt, dass vegane Küche ohne Soja- und Fleischersatzprodukte auskommt und trotzdem viel zu bieten hat.

# Renée und Bruno Weihsbrodt:

ISBN 978-3-99025-095-2
ISBN 978-3-99025-121-8

## Intelligente Ernährung

Lebendige Vitalkost mit Wildkräutern: Niemand, der sich fleischlos ernährt, muss Mangelerscheinungen in Kauf nehmen. Bruno Weihsbrodt zeigt, wie man mit Rohkost die Übersäuerung des Körpers vermeidet, Verdauungsstörungen beseitigt und ganz von allein überflüssige Kilos verliert.

## Vitalkost-Rezepte

Ein Buch für Einsteiger in die Rohkost, mit Rezepten, die auch in der Familie auf Akzeptanz stoßen. Aber nicht nur wunderbare Rohkost-Rezepte bietet dieses Buch: vor allem ist es die genaue Zusammenstellung der verschiedenen Wildpflanzen, Obstsorten, Gemüsearten und Salate, die überzeugt.